11 인지행동치료
스펙트럼 시리즈

COGNITIVE
BEHAVIOR
THERAPIES

구성주의 심리치료

인지행동치료 스펙트럼 시리즈 ▎COGNITIVE BEHAVIOR THERAPIES 11

구성주의 심리치료

Robert A. Neimeyer 저 ▎김진숙 · 권혁진 공역

학지사

발간사

　인지행동치료(Cognitive Behavior Therapies)는 견고한 이론적
기반과 풍성한 치료적 전략을 갖추고 있는 과학적으로 검증된
심리치료 체계다. 이론적으로, 인지행동치료는 비록 모든 사람
이 타당성이 결여된 비논리적인 생각 혹은 유용성이 부족한 부
적응적인 생각을 품을 때가 있지만 특히 심리장애를 지니고 있는
내담자의 경우에는 왜곡된 자동적 사고가 뒤따르는 감정과 행동
과 대인관계에 미치는 역기능이 현저하기 때문에 문제가 된다고
가정한다. 치료적으로, 인지행동치료는 구체적인 문제 분석, 지
속적인 자기관찰, 객관적인 현실 검증, 구조화된 기술 훈련 등을
통해 내담자가 자신의 마음을 바라보고 따져 보고 바꾸고 다지
도록 안내하는 일련의 과정으로 진행된다. 인지행동치료자는 내
담자가 구성한 주관적 현실을 검증해 볼 만한 하나의 가설로 받
아들인 뒤, 협력적 경험주의에 근거하여 내담자와 함께 그 가설
의 타당성과 유용성을 검토하는 정교한 작업을 수행한다.

인지행동치료는 발전을 거듭하고 있다. 인지행동치료는 정신병리의 발생 원인과 개입 방향을 전반적으로 설명하는 총론뿐만 아니라 심리장애의 하위 유형에 따라서 구체적으로 변용하는 각론을 제공하기 때문에 임상적 적응증이 광범위하다. 아울러 인지의 구조를 세분화하여 자동적 사고 수준, 역기능적 도식 수준, 상위인지 수준에서 차별적으로 개입할 수 있는 위계적 조망을 제시하기 때문에 임상적 실용성이 향상되었다. 또한 변화와 수용의 변증법적 긴장과 균형을 강조하는 현대 심리치료의 흐름을 반영하는 혁신적 관점을 채택하기 때문에 임상적 유연성이 확보되었다. 다만 이렇게 진화하는 과정에서 인지행동치료를 협의가 아닌 광의로 정의할 필요가 발생했는데, 이것이 서두에서 인지행동치료의 영문 명칭을 단수가 아닌 복수로 표기한 까닭이다. 요컨대, 현재 시점에서 인지행동치료를 제대로 정의하기 위해서는 내용과 맥락이 모두 확장된 스펙트럼으로 간주하는 것이 바람직하다.

이번에 출간하는 인지행동치료 스펙트럼 시리즈는 전술한 흐름을 적절히 반영하고 있다. 독자 입장에서는 인지행동치료의 대명사인 Beck(인지치료)과 Ellis(합리적 정서행동치료)의 모

형, 성격장애 치료에 적합하게 변형된 Young(심리도식치료)과
Linehan(변증법적 행동치료)의 모형, 제3세대 인지행동치료로 불
리는 Hayes(수용마음챙김치료)의 모형 등의 공통점과 차이점을
이론적 및 실제적 측면에서 세밀하게 조명할 수 있는 기회가 될
것이다. 아울러 메타인지치료, 행동분석치료, 행동촉진치료, 자
비중심치료, 마음챙김 인지치료, 구성주의치료 등 각각이 더 강
조하고 있거나 덜 주목하고 있는 영역을 변별함으로써 임상 장
면에서 만나는 다양한 내담자에게 가장 유익한 관점과 전략을
채택하는 데 도움이 되리라 여겨진다. "Beck은 현실에 맞도록
이론을 변화시키려는 경향이 강했다."라는 동료들의 전언이 사
실이고, 인지행동치료의 기본 전제를 수용하면서 통합적 개입을
추구하는 심리치료자라면, 인지행동치료 스펙트럼 시리즈에 관
심을 보일 만하다.

인지행동치료 스펙트럼 시리즈 역자 대표
유성진

—

역자 서문

구성주의 심리치료(이하 구성주의치료)는 내담자가 삶의 과정에서 지니게 된 의미에 주목하고 그 의미가 내담자 자신의 삶을 제한하거나 왜곡할 때 이를 수정할 수 있도록 돕는다. 이러한 점에서 구성주의치료는 인지행동치료의 확장된 스펙트럼 안에 자리매김하고 있다. 그러나 구성주의치료가 '의미의 수정'에 주력하는 이유는 그 의미가 잘못되었거나 오류를 범하고 있어서라기보다 내담자 자신의 삶을 제한하고 있기 때문이다. 이 점에 대한 강조는 구성주의치료의 철학을 좀 더 뚜렷하게 보여 준다. 임상심리학자였던 故 George Kelly는 개인구성개념이론을 통해 구성주의를 심리치료에 최초로 도입한 사람이라고 할 수 있는데, 그는 한 개인의 개성이 담겨 있는 세계관으로서 개인구성개념체계를 바라보았다. 기본적으로 구성주의치료는 사람들이 외부 세계를 있는 그대로 아는 것이 가능한지에 대해 근본적인 의문을 제기하는 포스트모더니즘의 사조를 배경으로 한다. 우리가 알 수 있는 것은 내담자의 주관적인 경험인 것이며, 따라서 치료는 내담자가 자신의 경험에 주관적으로 부여한 의미 그 자체에 주목해야 한다. 일관되게, 치료에서 가장 중요한 목표이며 전략이자 방향은 내담자가 지금과는 다르게 자기경험을 구성하는 새로운 관점을 발견하도록 돕는 것, 즉 자신의 삶을 지금처럼 제한하지 않는 새로운 의미를 구성하도록 돕는 것이다.

구성주의치료에서 주목하는 또 다른 측면은 사회적 영역 안에서 살아가는 내담자에 대한 이해이다. 내담자가 홀로 존재할 수 없기 때문에 내담자가 구성해서 지니고 있는 의미 역시 사회구성체의 영향과 무관하지 않다. 따라서 사회적 영역에서 개인의 정체성이 구성되는 방식에 대한 관심이 높으며, 이 과정에서 인본주의 및 체계 이론과 더불어 여성주의 이론의 관점을 적극 활용하는 것도 구성주의치료의 특징이라고 할 수 있다.

이 책은 2부로 나뉘어 총 30개 장의 소주제들을 담고 있다. 1부는 인지행동치료 스펙트럼 안에서 구성주의치료가 지니는 고유한 특징이 소개되어 있으며, 포스트모더니즘의 철학적 사조와 내담자를 이해하는 구성주의의 기본관점을 포함하는 9개의 장으로 구성되어 있다. 2부는 치료현장에서 적용할 수 있는 구성주의 철학의 치료 전략과 방법들이 소개되어 있으며, 21개의 장으로 구성되어 있다. 전체적으로 사례가 충분히 예시되어 있는 점 또한 구성주의치료의 기본 관점과 구체적 기법을 이해하는 데 큰 도움이 되리라 본다.

최근 우리 사회는 추구하는 가치에 대한 다양한 목소리가 과

거에 비해 더욱 커지고 있다. 이에 구성주의 심리치료가 다양한
가치를 추구하는 내담자의 삶을 있는 그대로 존중하면서 그들의
삶이 한층 더 확장되도록 돕는 데 기여할 수 있을 것이라 생각
한다.

끝으로 이 책이 출간되기까지 인내와 지지로 많은 도움을 주
신 학지사 관계자 여러분께 깊은 감사를 드린다.

2020년
김진숙

서문

구성주의 심리치료(constructivist psychotherapy: CPT)의 특징에 대해 집필해 달라는 요청은 축복이었지만, 다른 한편으로는 고난이었다. 다시 말하면, 흥미진진한 포스트모던 관점의 실제를 펼쳐 보일 수 있는 공간을 부여받은 것은 축복이다. 중요하다고 생각하는 구성주의의 내용과 지난 30년간 심리치료자로 일해 오면서 구성주의가 왜 좋은 동반자였는지에 대한 이야기를 지면 제한의 부담 없이 할 수 있게 되었으니 말이다. 그러나 구성주의의 치료 전통에 다양하게 관심을 가졌던 많은 치료자를 소개하는 것은 쉽지만은 않은 일이다. 또한 수많은 내담자와 함께한 나의 임상 실제에 구성주의라는 철학적 관점이 스며든, 매우 개인적인 방식을 표현하는 것도 간단하지 않으며, 구성주의의 철학적 입장이 나의 사고에 어떻게 영향을 미쳤는지를 설명하는 것도 쉽지 않다.

이러한 난관을 해결하고자 네 가지 기준을 세웠다. 첫째, 글을 간결하게 쓰고자 하였다. 구성주의 관점이 철학적으로 난해하고 절차가 모호하다는 것을 당연시하는 사람들도 있지만, 나의 직감으로는 그렇지 않다. 따라서 이 책에서의 나의 목표는 이러한 점을 명료하게 하는 것이다. 내가 독자에게 한 가지 당부하고 싶은 것은 이 책이 구성주의 철학 전공자를 위한 것은 아니라는 점이다. 이 책이 흥미롭기는 하지만 구성주의 철학에 대한 심층적인 인식론적 저서를 원하는 사람들은 다른 책을 찾아보기를 권한다. 이 책의 주된 독자로 삼는 대상은 수많은 워크숍, 콘퍼런스 및 강의실에서 전문가 훈련을 받고 있는 사람들이며, 그들 대다수는 대체로 이 접근방법에 한한 초심자들이다. 이 책이 그들에게 도움이 되길 바란다.

둘째, 구성주의의 독창적인 특징에 초점을 맞췄다. 이 인지행동치료 시리즈의 편집자인 Windy Dryden이 나에게 요청한 바는, 구성주의가 인지행동치료로 분류되기도 하지만 기본적으로 인지행동치료와 구별되는 구성주의의 핵심 주제 30가지를 선정해 달라는 것이었다. 이것은 다행히 어렵지 않은 작업이다. 왜냐하면 개인의 심층적인 부분부터 방대한 사회적인 영역에 이르기까지, 구성주의자들이 참여하는 포스트모던의 군상이 매우 다채로우며, 또한 구성주의자들의 경우 다른 치료 전통에 기반을 둔 동료 인지치료자들이 가진 핵심 성향과도 기본적으로 다르기 때문이다.

셋째, 나는 이성적인 사고와 더불어 내 마음이 가는 대로 이 책을 저술하였다. 구성주의치료가 의미(meaning) 및 행동(action)과 더불어 정서(emotion)에도 큰 무게를 두는 전체론적인 속성을 지니고 있는 것처럼, 구성주의 학자로서 이성적으로 이야기함과 동시에 구성주의에 대한 나 개인의 편향적인 애정을 이 글에서 드러내고 있음을 기꺼이 인정한다. 내가 설명하고 묘사하는 절차와 원리는 필연적으로 나의 견해에 따른 것이다. 또 다른 구성주의자들은 그들의 실제 경험이 담긴 나와는 매우 다른 지침서를 얼마든지 저술할 수 있다. 다른 치료자들은 어떻게 작업하고 있는지에 관심을 가지고 탐색하려는 독자들에게 이 책이 그 입구의 역할을 해 주기를 기대한다.

넷째, 나는 구체적인 사례를 들어 추상적인 원칙을 설명하려고 노력하였다. 이 책을 통해 독자들은 말 그대로 책의 첫 페이지부터 마지막 페이지에 이르기까지 심리치료라고 하는 긴밀한 동반자 관계 속에서 나와 함께 그들의 삶의 분투와 성취를 공유했던 많은 내담자를 만날 것이다. 사례는 내담자들의 비밀보장을 위해 적절히 편집하여 수록하였다. 구성주의치료의 추상적 원칙이 실제 임상에서 실현될 때 어떤 모습일지 궁금해하는 임상가나 학생이 이러한 사례를 통해 더욱 생생하게 구성주의자들의 견해를 경험할 수 있기를 바란다.

이 책에서 구성주의를 소개하는 일이 나의 소임이지만, 다른 견지에서 이 책은 기본적으로 여러 저자의 작품이라고도 할 수 있다. 구성주의에서는 '현실의 구성(construction of reality)'이라는 것이 외부로부터 고립된 개인의 주관(主觀)이 담당하는 일이라고 보지 않으며, 의미 부여하기(meaning making)는 철저하게 관계적이고 사회적이며 문화적인 것이라고 본다. 또한 구성주의 자체는 다양한 학자, 과학자, 전문가의 전 세계적인 담론으로 형성되어 왔으며 그들 중 많은 이가 감사하게도 나의 친구이다. 사실 나는 이 책에서 이들을 대변하고 있다. 나의 동료들인 Bruce Ecker, Ken Gergen, David Epston, Hubert Hermans, David Winter, Heidi Levitt, Ze'ev Frankel, Les Greenberg, Art Bohart, Larry Leitner, Jon Raskin, Sara Bridges, Guillem Feixas, Harry Procter, Laura Brown, 나의 친형제인 Greg Neimeyer, 심지어 고인(故人)이 된 George Kelly도 그러한 사람들에 속한다. 나는 동료 및 이 분야의 선구자들뿐만 아니라 후학들에게도 신세를 졌다. 후배 동료들 중, 특히 Joe Currier, Jason Holland, James Gillies 그리고 Jessica van Dyke에게 도움을 받았다. Jessica van Dyke는 심지어 컴퓨터 프로그램으로도 잡아내기 어려운 철자와 문법 등에서의 미묘한 오류들을 원고를 정독해 가며 수정해 주었다.

마지막으로, 드러나지 않게 이 책을 위해 공헌해 주고 내 삶의 더 큰 이야기를 만들어 준 세 사람, 구성주의에서 가장 기념비적인 인물이며 가장 영향력이 있는 세 명의 리더인 Vittorio Guidano, Michael Mahoney와 Michael White에게 각별한 고마움을 느낀다. 그들은 각각 1999년과 2006년, 2008년에 이 세상을 떠났다. 그들이 만든 이론체계 속에서 구성주의 심리치료는 메아리가 되어 계속 울려 퍼지고 있는바, 마지막으로 이 세 사람을 추모하는 나의 시로 마무리를 하고 싶다. 들판은 그들로 인해 더욱 풍성해졌다.

2008년 6월
미국 테네시주 멤피스에서
Robert A. Neimeyer

방

하물며 의자도 당신이 없음으로 인해
당신의 존재를 느낀다.
의자는 당신의 몸을 감싸 안기 위해
팔을 들어올리고,
자신의 포근함 속에 당신의 형상을 담고자
무릎을 연다.
당신이 없다면,
그것은 그저 텅 빈 손이다.

받침대 위에 놓여 있는 책들은
연관 없는 무작위성 속에서 사멸되고,
공동의 목적을 향한 사명은 망각되었다.
당신의 책상 위 펜은

무미건조한 단어를 뱉어 낸다.
당신의 태블릿은
묘비명 없는 비석이다.

이렇게 우리는 당신이라는 커다란 빛의
그림자에 놓여 있으며,
가야 할 곳을 상실했다.
우리는 기억의 끈을, 의지의 끈을 놓쳤고
축 늘어진 시간의 줄에서 구슬들을 떨어뜨렸다.
시계의 박동은
텅 빈 심장의 고요함을 재고 있다.
시계의 박동은
오직 그때 이후로의 시간만을 기록할 뿐
그전까지의 시간은 없다.

비탄으로 우리는 천천히
스스로를 후벼 낸다,
마치 바위가 거센 바람 속의 모래로
깎여 나가듯이.
우리가 이전의 우리를 충분히 내려놓을 때
그리고 우리의 그 텅 빈 곳에서 성장할 때,
마침내 우리는 갈망의 끝을 발견할 것이고,
그리고 마침내
당신을 위한 방을 갖게 될 것이다.

차례

1부

구성주의 심리치료: 이론적 특징

$2_{부}$

구성주의 심리치료: 실용적 특징

—

치료 사례

Joanne W가 치료를 받게 된 것은 표면적으로는 최근 발생한 몇 가지 두려운 신체 증상 때문이었다. 이 증상은 설명하기 어려운 '긴장감'이 몰아치면서 찾아오는 두통, 심계항진 등이었다. 그녀는 끔찍한 불안의 이유를 자신과 타인에게 설명하는 것이 어려웠다. 의학적 검진 결과로는 이러한 신체 증상들과 관련된 기질적 손상이 나타나지 않았다. 따라서 '심리적 원인에 의한 공황장애'라는 진단명하에 심리치료가 의뢰되었다. 첫 회기에 그녀는 잘 맞춘 정장을 입고 나타났다. '그녀의 유일한 집'이었던 동부 도시를 떠나려고 준비하던 약 5개월 전에 처음으로 Joanne에게 이러한 증상이 나타났다는 점에 나는 주목했다. 수천 마일 떨어진 남부에 있는 미국 흑인 교회의 목사로 부름을 받았다는 남편의 '소명'이 이사의 배경이었다. 현재 어머니, 여동생 그리고 그녀를 지지해 주었던 동네 친구들과 멀리 떨어져 지내면서, 그녀는 새로 만난 교회의 신도들이 자신의 '정서적인 문제'

를 알아차리지 못하도록 그리고 '정신 나간 사람'으로 보이지 않도록 하기 위해 자신이 점점 더 외톨이 같은 생활을 하고 있음을 알았다. Joanne은 비밀을 털어놓았는데, 지난 몇 주 동안 자신이 교회의 사모로서 실패했을 뿐만 아니라 자기 자신과 사랑하는 사람들을 잃어 가고 있다는 것을 심각하게 걱정하면서 남편 George와 열두 살 난 딸 Leitha마저도 '밀어내기' 시작했다는 것이다.

Joanne이 자신의 문제를 어떻게 이해하고 있는지 좀 더 구체적으로 탐색하고 나서, 나는 그녀에게 어떤 치료 방식이나 방법이 특별히 효과가 있었는지 혹은 별로였는지를 파악하기 위해 이전 치료 경험에 대해 물어보았다. Joanne은 몇 년 전 자신의 심리적 문제와 욕구에 초점을 맞춘 '영성 형성(spiritual formation)' 상담이 자신이 유일하게 겪었던 치료 경험이라고 답했다. 그녀는 통제된 방식으로 기억을 회상해 냈는데, 6년 전 당시 그녀에게 가장 큰 문제는 아버지의 죽음이었다. 아버지가 돌아가시기 전 오랜 기간 투병하신 것과 그 기간 동안 그녀와 어머니가 주 보호자(간병인) 역할을 한 것이 복합적인 스트레스였다. 아버지의 죽음에 대해 이야기하면서 그녀의 입술이 떨리는 것을 보고 내가 공감적인 질문을 하자, Joanne의 볼에서 눈물이 흘러내렸다. 투병 기간 동안 아버지가 평소 성격과 다르게 '괴팍한' 모습을 보였기 때문에 아버지의 죽음에 슬프기보다 오히려 무감각했고, 안도감을 느꼈으며, 작년에서야 아버지 때문에 울기 시작했다는 것을 그녀는 알아차렸다. 그리고 지금은 자신이 아버지를 정말로 그리위하고 있다는 것을 깨달았다. 그녀는 울음을 참으면서 떨리지만 조용한 목소리로 "아버지가 만약 살아 계셨다면 제가 고향을 떠나 이사하는 것에 대해 조언을 해 주셨을 거예요."라고 나지막하게 덧붙였다.

그녀는 아버지가 돌아가시고 대략 6년이 지났는데도 이 기억이 정서적으로 생생하다는 것에 놀랐다. 그리고 스스로 아버지의 부재와 자신의 불안 발작을 야기하는 이사 문제를 연결시키는 것에 충격을 받았다. 나는 아버지의 병과 죽음으로 인해 가로막혔던 그녀와 아버지의 관계를 다시 회복시키기 위해 돌아가신 아버지를 치료 장면으로 초대해 보는 것은 어떤지 Joanne에게 부드럽게 물어보았다. 흥미롭게도, 그녀는 나의 제안을 받아들였고 나의 안내에 따라서 그녀의 맞은편 빈 의자에 앉아 있는 아버지와 대화하기 시작했다. 몇 초간 침묵하더니, 그녀는 흐느끼면서 현재 자신이 경험하고 있는 문제의 주요 내용들을 아버지에게 이야기하였다. 그리고 아버지가 소년기를 보냈던 남부로 돌아갔지만 아버지가 성인기 전부를 보낸 도시를 떠나게 됨으로써 상징적으로 아버지를 '버려 둔' 것에 대한 죄책감을 말하며 더 내밀한 고백을 하였다.

내 제안에 따라 이번에는 그녀가 아버지의 자리에 앉아서 자신이 방금 했던 말에 반응하며 아버지 입장에서 말하기로 했다. 자리를 바꿔 앉고, 눈물을 닦은 후 "걱정 마라, 얘야. 내가 너를 만나러 갈게."와 같이 안심시키는 말로 끝맺었다. 이것은 그녀가 방금 전에 나누었던 가슴 아픈 상실의 관점에서 볼 때 이상하고 공허한 울림을 주는 말이었다. 그녀는 나의 제스처에 따라 이번에는 다시 그녀의 자리에 돌아와 앉았고, 나는 그녀에게 다음과 같은 말을 따라 하게 했다. "아빠는 나를 만나러 올 수 없어. 아빠는 죽었잖아." 그러자 그녀는 슬픔과 자기회의감, 고통스러운 비탄에 말을 잇지 못했다. 그녀가 진정된 후 그녀에게 아버지의 의자에 다시 앉아 보라고 요청했으며, 그 자리에서 그녀는 아버지 자신은 이 세상을 떠났지만 언제나 딸과 함께할 것이고 딸을 믿는다는 따뜻하고 진실된 위로를 나의 안내 없이 스스로 이야기하였다. 이러한 상호작용은 Joanne에게 놀라운 통찰을 가져왔다. 그녀는 "제가 아버지를 간직할 수 있고 아버지는 저와 함께할 수 있다는 것을 이제 알았어요. 아버지가 사랑한 남부 도시에서 아버지에 대해 더 많이 알게 될 수 있다는 것도 깨달았어요."라고 말했다. 새롭게 찾은 아버지와의 재연결을 통해 용기를 얻은 Joanne은 아버지가 돌아가신 이후의 상황에 적응하려고 같이 애쓰고 있는 원가족 구성원들과의 관계에서 발행하는 단절감과 배신감의 주제로 넘어갔다. 첫 회기가 거의 끝나갈 무렵, Joanne은 자신이 사모의 지위에 있기는 하지만 고등교육을 받고 싶다는 소망을 다소 수줍게 표현했다. 그러면서 자신이 속해 있는 미국 흑인들의 신앙 공동체 내에서는 '이기적'일 수 있는 목표를 금기시하는 암묵적인 사회적 기대가 있음을 이야기하면서 백인 치료자인 나를 위해 문화적인 통역을 해 주었다. Joanne은 회기과정에서 나온 '새로운 생각'들을 시도해 보고 싶다고 하였고, 우리는 다음 회기를 약속하며 상담을 마무리 지었다.

격주로 진행하는 남은 세 번의 회기에서 결혼 초 당시 아기일 때 죽었던 아들을 다시 떠올리면서 두 가지 상실 경험 모두를 더욱 심층적으로 탐색했다. 또한 가족과 교회 공동체에서 당당한 한 여성으로서 '자신의 목소리를 찾기' 위한 노력을 다시 기울였다. 그러자 삶이 왠지 '더 진솔하게' 다가오기 시작했다고 놀라워하면서 말했다. 또한 중요한 가족 문제를 남편과 협의하여 결정했으며 십대 초반의 딸에게 생활 수칙을 제시하며 더 능동적인 역할을 했다. 교회에서는 그녀가 생각했던 혁신적인 프로그램의 후원을 위해 '나섰다'면서 몇 가지 예를 들어 가며 자랑스럽게 이야기하였다. 이 모든 것에서 그녀는 아버지의 강력한 존재감을 느꼈으며, 딸인 자신에 대해 아버지가 자부심을 가지고 있다고 느꼈다. 또한 첫 회기에 가졌던 아버지와의 중요한 '대화'에서 무언가를 '덜어 냈다'는 느낌이 있었다. Joanne의 표현대로 하자면, 더 이상 '억눌리는' 기분이 들지 않았고 '스스럼없는' 자신이 되고자 하는 그녀를 지지해 주는 남편 George가 고마웠다. 이제 그녀는 교회의 모임에 갈 때나 치료를 위해 상담에 올 때 모두 편안한 일상복 차림으로 나타났다. 가장 놀라운 것은 구체적인 치료 개입에서 공황 증상들을 목표로 하지 않았음에도 불구하고 그녀가 아버지와 '대화'를 나누었던 시점 이후로 내내 공황 증상들이 전혀 나타나지 않았다는 것이었다. 치료는 그녀 인생의 '변화된 이야기'를 되짚어 보면서 마무리되었다. 이 변화된 이야기는 자신을 지지해 주는 아버지와의 관계가 계속 이어지고 있다는 것에 새롭게 기반하고 있었기 때문에, 이를 이전까지의 자신과 어떻게 연결 지을지를 다루면서 연속성을 재정립하였다. 동시에 치료는 현재 맺고 있는 중대한 관계 안에서 자신의 정체성을 '다시 써 내려가도록' 도왔다. 추수 회기에서는 이러한 변화가 이후 몇 달 동안 더욱 공고해지는 것을 볼 수 있었다.

사례에서 시사되는 것처럼 구성주의 심리치료(CPT)는 몇몇의 치료 전통을 활용한다. 이 사례에서는 특히 인본주의, 체계이론 및 여성주의(feminist)의 전통이 활용되었다. 동시에 이러한 전통은 포스트모던 특유의 논점에서 재해석되고 확장되었다. 포스트모던의 관점에서는 개인이 가지는 의미에 최우선의 중요성을 두는 것, 개인의 정체성이 사회적 영역에서 구성되는 방식 그리고 모순적이거나 제한을 받는 삶의 이야기를 수정하는 것이 주된 관심사이다. 포스트모던 접근법이 워낙 다양해서 하나의 뚜렷한 특징을 제시하기는 어렵다. 그러나 일반적으로 본다면, 포스트모던 접근법은 권위주의적이라기보다 좀 더 협력적이며, 증상 지향적이 아닌 발달 지향적이고, 내용 중심적이지 않고 과정 지향적이며, 심리교육적이라기보다는 좀 더 성찰 지향적이다. 이 짧은 책에서 나의 목표는 어렵게 느껴지는 포스트모던 분야를 배워 보기로 결심한 학생과 전문가들에게 배움의 발판을 만들어 주면서 이 당대의 접근법과 관련된 다양한 개념과 실제를 이해하기 쉽게 설명하는 것이다. 먼저, 구성주의 탄생의 배경지식과 역사적인 맥락을 살펴보고자 한다. 이러한 배경 지식과 역사적인 맥락은 심리사회적 문제들을 개념화하고 치료하는 독창적인 구성주의 접근법을 형성했다.

1부

구성주의 심리치료: 이론적 특징

　지식의 발전은 '무염 시태(無染始胎, immaculate conception)', 즉 성모 마리아의 잉태처럼 티끌 하나 섞이지 않은 순결한 방식으로 발전하는 것이 아니다. 그보다는 이전 세대부터 있었던 개념들이 필연적으로 섞이면서 지적 발전이 이루어진다. 이는 다양한 지적 계보를 지닌 견해들의 생산적인 결혼이라고 비유할 수 있는데, 마치 결혼을 통해 다산의 자손을 남기는 것과 흡사하다. 이 '결혼'이라는 은유를 확장시켜서 이야기해 본다면, 생성기에 있는 모든 이론은 '오래된 과거의 것, 미래의 새로운 것, 어디에선가 차용해 온 것 그리고 "참"인 것'―적어도 그 지지자들에게는―을 의미한다. 다시 말해, 새롭게 등장하는 모든 관점은 이전 사상가들의 지혜를 재포장하고 거기에 자신의 통찰과 혁신을 더하며, 다른 사상의 흐름을 빌려온다. 그렇게 함으로써 현재 지식 수준의 한계와 같은 제약에도 불구하고 어떤 면에서는 '현실'을 적절히 반영한 혼합 이론이 출현하게 된다. 물론 이러한 개념(concepts)과 실제(practices)의 독특한 혼합은 자신의 개인적 이론과 철학―구성주의자들이 논한 바대로―에 따라서 어떤 사람들은 흥미롭게 느낄 것이고 어떤 사람은 불편하게 혹은 이해하기 어렵다고 생각할 수도 있다. 그래서 이 책에서는 구성주의 심리치료자들이 공유하는 특징적인 가정 몇 가지를 살펴보는 것으로 시작하여 그들이 열정을 가지고 실천한 임상 실제를 다루는 방향으로 나가고자 한다.

01

세계를 구성하기

　포스트모던 치료의 입문자들에는 일반적으로 두 가지 유형이 있다. 한 유형은 철학적인 관심을 가지고 이 이론의 매력을 느끼는 사람들이고, 다른 한 유형은 이런 비슷한 흐름의 추상적인 개념에 불만을 느끼면서 좀 더 실용적인 선호를 나타내는 사람들이다. 이 장의 목적은 구체적인 임상 사례와 방법론에 잘 들어맞는 훌륭한 개념들을 누락하지 않도록 유의하면서, 임상 실제를 지원해 주는 구성주의의 철학적 틀이 지향하는 바를 충분히 설명하고 구성주의의 독창성을 잘 이해하도록 돕는 것이다. 따라서 너무 복합적이어서 이해하기 어려운 포스트모던의 담론들을 간혹 단순화시켜서 설명할 수도 있으며, 이러한 점에 대해서는 미리 양해를 구하고자 한다. 다행히 여기에서 다루고자 하는 치료의 이론적 토대에 대한 논의가 그간 심층적인 수준에서 충분히 진행되어 왔다. 따라서 치료를 뒷받침하는 개념들에 대해서 보다 깊이 있게 탐색하고자 하는 독자들을 위해서 그러한 개념

중 일부도 논의하고자 한다.

　포스트모던 형태의 심리치료들을 연결하는 통일된 주제가 있다면, 그것은 **인식론**(epistemology) 또는 지식론(theory of knowledge)의 수준이다. 이 관점의 치료자들은 인간의 의식이나 언어 밖에 '실제 세계(real world)'가 존재한다는 것을 인정하지만, 그들이 훨씬 더 관심을 두고 있는 것은 개인이 가지고 있는 세계에 대한 구성개념의 미묘한 차이일 뿐이며, 그 구성개념들이 얼마나 '사실적으로(true)' 외부 현실을 표상하는지를 평가하는 것에는 그다지 관심을 두지 않는다. 이렇게 능동적으로 형태를 구성하는 마음의 본성을 중요시하는 관점은 이탈리아의 역사가 Giambattista Vico(1668~1744)로까지 거슬러 올라간다. 그는 사고의 발전이라는 것이 인간의 동기, 신화, 우화 그리고 언어적 관념을 세계에 투사하면서 세계를 이해하고자 하려는 시도가 남긴 흔적이라고 보았다. 유사하게, 독일의 철학자 Immanuel Kant(1724~1804)도 변형시키는 힘을 지닌 마음의 특성, 즉 마음은 필연적으로 경험 현상에 공간적·시간적·인과적 질서를 부여한다는 점을 강조했다. 이러한 철학자들의 영향을 받아서, 구성주의자들은 사람들이 지식의 영향을 전혀 받지 않고 '사건 그자체'에 수동적으로 혹은 수용적으로 동화가 되는 것이 아니라 경험을 능동적으로 구성한다고 하는 지식론의 모형을 가져왔다.

02

허구의 기능

20세기에 들어서서, 앞서 설명한 것과 같은 주제들은 독일의 분석철학자 Hans Vaihinger(1852~1933)에 의해 더욱 구체화되었다. 그는 '마치 ~인 것처럼(As If)'의 철학을 주장하였다. 이에 따르면 사람들은 자신이 경험한 많은 자료를 처리하고 그런 경험을 넘어서기 위해 '작동 가능한 허구들(workable fictions)'(예: 수학적 무한대라든지 신)을 만들어 내며, 인류의 목표를 남다르게 설정한다(Vaihinger, 1924). 폴란드의 Alfred Korzybski(1879~1950) 역시 경험에 대한 언어적 '묘사'와 실제 세계의 '영역' 사이를 구별해야 한다는 점을 강조했다. 그의 일반의미체계론(systems of general semantics)은 사건에 의미를 부여하는 화자의 역할에 초점을 둔다. 이러한 사상가들을 통해 구성주의자들은 인간이 단순하게 직접적인 방식으로 세계와 접촉하지 않아도 세계를 항해할 수 있도록 돕는 상징적인 언어적 구성개념에 기초하여 행동한다는 암시를 얻었다. 달리 말해서, 포스트모더니즘을 주창

하는 사람들은 해석된 세계 속에서 살고 있는데, 그 세계는 외부 자극이라는 '객관적인' 세계의 구조에 의해서뿐만 아니라 의미의 개별적 · 집합적 범주에 의해서도 구성되어 있다고 주장한다. 이 것이 시사하는 바는, 실제적인 치료란 원치 않는 증상들을 치료 하거나 혹은 더 적절한 대처 기술을 사람들에게 훈련시키는 절 차가 아니라 앞서 제시한 Joanne의 사례에서처럼 개인의 **의미에 개입**(intervening in meaning)하라는 것이다.

03

개인적 지식

1930년대에 이르러, 사람들이 **백지상태**에서 환경적인 자극을 있는 그대로 단순히 '받아들이는' 것이 아니라 오히려 적극적으로 경험을 **구성**하기 때문에 그러한 구성 방식에 초점을 맞추도록 고무하는 철학적 영향력이 심리학에서 나타나기 시작했다. 심리학자들 사이에서 확실한 '구성주의자'로 변신한 사람은 스위스의 발달심리학자인 Jean Piaget였다. 그는 아이들이 물리적이고 사회적인 세계를 도식화했던 것으로부터 질적인 변화를 찾아내었다. 또한 영국의 실험심리학자인 Fredric Bartlett은 기억이라는 것이 단순히 저장되어 있는 사건을 불러오는 것이 아니라 마음의 **도식**(schema)의 안내에 따라 현재 지니고 있는 동기의 맥락에서 구성되는 것이라고 설명하였다. 이 두 학자의 영향은 성인기 삶 전반에 걸쳐서 정체감의 구성이 변화하며 주기적으로 공고화된다는 점을 검증한 현대의 자서전적 기억 연구에서 찾아볼 수 있다(Fireman, McVay, & Flanagan, 2003; Neisser & Fivush, 1994).

이러한 철학적인 생각에 기초하여 견고한 심리치료 이론을 처음 개발한 사람은 미국의 임상심리학자인 George Kelly이다. 그는 1930년대와 1940년대에 캔자스 지방의 상대적 고립에 대해 연구하였다. Kelly는 미국 중부 곡창지대인 캔자스를 휩쓴 먼지 폭풍과 경제 대공황이라는 한꺼번에 겹친 큰 위기를 맞아 황폐해진 농업 공동체의 압도적인 심리적 요구에 직면해 있었다(R. A. Neimeyer, 1999). 이런 상황은 Kelly에게 효과적인 심리치료를 고안하도록 자극했다. 그의 심리치료에서는 내담자가 환경적인 압력으로부터 벗어나 전혀 다른 삶의 방식을 살아 보게 실험하는 방법으로서 보통은 2주나 3주간의 정해진 기간 동안 일상에서 조심스럽게 구성된 가상의 자아(fictional identities)를 연기하도록 내담자를 지도한다. 따라서 Kelly의 **고정역할치료**(fixed-role therapy)는 간단한 심리치료의 초기 형태였다. 또한 여기에서 처음으로 사용했던 극적이고 자기서술적인 변화 전략들은 현대의 많은 구성주의치료법에 통합되었다. 마침내 Kelly(1955/1991)는 종합적인 **개인 구성개념에 관한 심리학**(psychology of personal constructs)의 초안을 작성하였는데, 여기에는 엄밀한 이론적 맥락에 기초한 치료 절차들이 기술되어 있다. 그 구체적인 내용에는 사람들이 자신의 삶의 주제를 구성하고 기대하고자 고안한 개인의 독특한 구성개념 체계에 맞춘 진단과 치료 및 연구 방법이 제시되어 있다.

Kelly의 관점에서 근본 원리는 각각의 사람들이 자기 삶의 독특한 작동 체계—Kelley의 용어로 말하자면 **개인 구성개념 체계**

(personal construct system)―를 가지고 있다는 것이며 이것이 세계에 대한 그 개인 특유의 '지도'와 그 안에서의 그 사람의 위치를 나타내 준다는 것이다. Kelly는 이러한 개인의 독특한 체계가 '올바른 사고'에 맞추어 교정되어야 할 잘못된 형태라고 생각하지 않았으며 '인지적 오류(cognitive errors)'라거나 바로잡아야 할 개인적인 '왜곡(distortions)'이라고도 보지 않았다. 오히려 개성이 있는 세계관과 다양한 관점은 본질적으로 인간이 하나의 종으로서 가지고 있는 장점이자 단점이라고 보았다. 모든 개개인은 (부분적으로) 동일하게 경험한 사건일지라도 저마다 다른 의미를 부여하면서 개인적인 이론을 구성하려는 경향이 있다. 이러한 경향성으로 인해 관계적 · 사회적 · 문화적 삶은 더욱 풍부해지고 다양해진다. 이것은 마치 수수께끼를 푸는 사람처럼 '다른 사람'의 약간 낯선 혹은 아주 생경한 관점에 '한 발을 들여놓고' 탐색하다가 그 관점을 '흡수하려고' 시도하는 것과 흡사하다. 내가 자살 위기에 처한 한 젊은이와 했던 최근의 전화 통화에서 그 예를 볼 수 있다. 나는 여자 친구에게서 헤어지자는 통보를 받은 뒤 그가 경험하고 있는 고통을 공감해 주면서 관계가 끝난 것에 대해 느끼는 절망감과 자기비난에 대해 구성주의적으로 반영하려고 몇 시간 동안 노력했다. 그러자 그는 잠시 말을 멈추더니 조용한 목소리로 "당신은 나의 가장 친한 친구 같군요."라고 말했다. 그 말을 듣고 나는 앞으로 이어질 회기에 도움이 될 만큼 내담자와 나 사이에 충분한 신뢰의 다리가 구축되었구나 하는 희망으로 잠시 동안 감동을 받았고, 자신감을 얻었다. 그러나 잠시

후 그가 말한 내용을 들으면서 그 말의 의미를 이해하게 되었다. "당신은 정말이지 저의 가장 친한 친구랑 똑같네요. 제 마음을 찢어 놓은 괴로운 사건 앞에서 당신은 제 친구처럼 절제된 감정 톤으로 말하고 있으니까요. 저는 당신이나 제 가장 친한 친구나 진실로 저를 이해할 수 있고 도울 수 있다고 믿지 않아요." 그가 말한 가장 친한 친구의 독특한 의미를 이해하고 난 뒤, 나는 내가 걱정하는 외부자의 위치에 있음을 인정했다. 그리고 위기 상황에서 그 사람을 도울 수 있는 적극적이고 구조화된 단계들을 제시하면서 처음부터 다시 시작했다. 구성주의 평가방법의 가장 주된 목적은 그들을 치료 장면으로 오게끔 한 것이 무엇인지에 대해 그들 스스로에게나 우리에게 말해 주는 이야기들 사이에서 단어 이면에 있는 의미, 즉 더욱 심층적인 주제를 드러내도록 돕는 것이다.

04

최전방에서 도전하기

사람들이 왜 어떤 행동을 하는지를 설명하는 근본적인 동기적 원리 대신, Kelly는 인간의 존재가 기본적으로 '움직임의 형태(forms of motion)'여서 '행동을 표출(emit behavior)'하기 위해 내적인 욕구나 외적인 자극들에 좌지우지될 필요가 없다고 생각했다. 그는 사람이 본질적으로 능동적인 존재라고 보았기 때문에 심리학자들의 목표는 왜 행동하는지를 이해하는 것이 아니라 사람들의 능동성이 그 개인을 어느 쪽으로 움직이게 하는지를 이해하는 것이라고 생각했다. Kelly에게 해답은 사람들이 세상에 대해, 특히 타인의 반응과 행동에 대해 예측하는 것으로부터 알 수 있는 개인의 구성개념들 혹은 의미들의 연결망에 있었다. 사회적 관계 속에서 행동을 예측하기 위해 자기 나름대로의 참조 기준을 구성하고 타당화하며 그 기준 안에서 자신의 행동과 해야할 일을 조직화하고자 하는 이 탐구는 개개인이 평생에 걸쳐 지속하는 작업이었다. 우리는 사건들 속에서 반복되는 주제를 찾고 그것을 이용해서 다음에는 어떤 사건이 일어날지 예측하고, 우리의 시간, 노력, 자원 그리고 궁극적으로 우리의 삶을 다양하게 이런 주제들에 투자하면서 평생을 보낸다. 또한 관련된 사건들에 직면하면서 우리의 가정이 틀렸음을 경험하거나 혹은 가정이 유용했음에 만족하고, 그 결과 더 강해진 확신이나 수정된 신념을 적극적으로 실험하면서 평생을 소비한다. 그러나 좋든 나쁘든 우리는 영원히 안전한, 게임의 지형과 규칙들이 안정적이고 친숙한 '인지의 에덴동산(cognitive Eden)'에는 결코 도달할 수 없다. 그러한 에덴동산 대신, 불확실한 미래를 향해 나아가는 우리의 움직임은 마치 최전방에 살면서 도전에 직면하고 앞으로 전진하여 해결책을 혁신하는 것과 같으며, 그러면서 알고 있는 세계의 경계를 확장시킨다. 사실 Kelly는 계속해서 새로운 것들에 직면하는 데서 오는 불가피한 불안을 받아들이는 것이 낡은 구성개념으로 반복해서 철수하는 것보다 훨씬 더 건강하다고 생각했다. 그러나 우리는 어리석게도 이전의 방식들을 버리고 우리 자신과 세계를 재창조하는 불편함에 직면하기를 '선택'하지 않고 익숙한 좌절 속에서 지내기를 '선택'한다.

나의 내담자였던 40대 초반의 여성 Melanie가 생각난다. 그녀는 아동기를 포함하여 십대 시절까지 물질 중심적인 어머니와 일 중독자이자 알코올 중독자인 아버지 때문에 관심과 돌봄을 받고 싶은 자신의 욕구가 좌절되었고, 그렇기 때문에 그 시절의 결핍된 욕구에 대한 갈망을 지금도 강렬하게 느끼고 있다는 줄거리의 '핵심 이야기'를 가지고 있었다. 그녀는 자신과 가까워지도록 다른 사람들에게 곁을 내어 주면 그들이 자신에게 이기적이고 요구적으로 굴 것이라고 예상하고 있었다. 또 한편으로는 직장에서는 일에 대해 불평하지 않는다는 직업의식을 가진 아버지처럼 자신도 주변인들에게 '좋은 인상'을 주려고 하는 가족 구성개념을 스스로에게 적용하고 있음을 어렵지 않게 인식했다. 다른 사람들에 대한 이러한 자세는 교육적인 영역과 직업 영역에서는 도움이 되었다. 하지만 효율성을 중시하며 일을 중심에 놓는 그녀의 태도는 업무 영역을 제외하고는 타인이 그녀에게 다가서기 어렵게 만들었기 때문에 관계의 영역에서는 그다지 성공적이지 못했다. 결국 외롭고 슬픈 40대의 그녀는 줄곧 부러워했던 '직장 내에서의 태평한 태도'를 가지고 있으면서 자신이 갈구했던 보살핌의 욕구도 충족시켜 준 Brian과 함께 '느긋하게 즐기는(slow down)' 삶의 방식을 받아들이기로 했다. 그들은 사랑에 빠졌고 곧 아이를 출산했다. 그러나 그들이 원하던 이런 발전은 예상치 못했던 위기를 촉발시켰다. Melanie는 아이와 더 많은 시간을 보내고 싶어 하는 자신의 바람에 따라 일하는 시간을 줄였다. 그래서 수입이 상당한 폭으로 감소했지만, Brian은 줄어든 수입을 보충하기 위해 직장에서 좀 더 보수가 좋은 직책을 얻으려는 열의가 없었다. 이러한 상황은 그녀가 꿈꾸었던 새로운 가정생활에 대한 희망을 물거품으로 만들었다. 그 '희망'이라는 것은 어린 시절 가져 보지 못했던 시간들, 즉 평안하고 안전한 영역에서 아이와 함께하는 안락한 시간을 즐길 수 있는 '자격'이 자신에게도 있다는 것이었다. 이러한 상황이 오래되고 뿌리 깊은 그녀의 가족 구조 속으로 그녀를 다시 내던져 버렸다. 비록 화가 나지만, 그녀는 다시 '좋은 인상'을 주면서 자신의 아버지처럼 묵묵히 가장의 역할에 순응했다. '아버지처럼 될지 모른다'는 두려움 때문에 치료를 찾은 그녀는 자신이 구성개념 체계에 갇혀서 선택의 폭을 제한당하고 있음을 곧 인식했다. 원가족과의 결속을 유지하고, 자신이 누리지 못했던 것을 그 이상으로 '누릴 만한 자격'이 자신에게 있다는 느낌을 유지하고자 하는 강렬한 목적의식은 그녀가 처한 현재 상황으로 인해 생겨난 것이다. 이러한 강렬한 목표를 이해하는 것으로 우리는 치료 작업을 구성하였다. 또한 부모의 이미지가 그대로 투영된 가족의 삶이 아니라 무언가 다른 것이 존재하는 가족의 삶을 꿈꾸며 그 방향으로 나아갈 수 있도록 도와주는 대안적인 구성개념을 형성하도록 치료를 진행하였다.

05

현실을 재정의하기

Kelly의 연구가 출간된 후 10년 동안, 개인적 구성개념 이론에 대한 세간의 관심은 천천히 증가했고, 그는 시대를 앞서간 사람이 되었다. 한편에서는 무의식적인 동기가 그리고 다른 한편에서는 관찰 가능한 행동수정에 대한 관심이 지배적이었던 현장에서 개인적인 의미 체계의 역할과 정체성에 대한 가상의 구성개념을 강조하는 것은 괴상한 부조화로 보였던 것이다. 결과적으로는 포스트모던의 **시대정신**이 인문과학 분야 및 치료 종사자들에게서 작동하기 시작한 지 30~40년 뒤에 이르러서야 많은 심리치료 이론가가 Kelly의 통찰을 재발견하기 시작했고, 그러한 통찰을 근본적으로 새로운 방향으로 확장시켰다.

포스트모더니즘(postmodernism: PM)이란 무엇이며, 심리치료의 영역에 어떤 영향을 주었는가? 용어가 암시하듯이 'posties'는 모더니즘과의 관계 속에서 가장 잘 정의될 수 있다. 즉, 모더니즘이라는 전통적인 지적 체계를 때로는 계승하면서 이를 해체하거나 비판하는 데 주력해 왔다. 모더니즘이란 개념은 너무 방대하고 광범위해서 정확하게 정의할 수 없다. 그것이 커다란 영역의 사회적 삶(social life)을 담고 있기 때문이다. 그러나 인문과학에 적용되면서 근대주의는 적당한 지식이 축적되면 기술의 발전과 인간의 진보가 가능하다고 하는 계몽주의적인 믿음을 구현한다. 한 세기 전반에 걸쳐, 심리학은 논리적·실험적 및 통계적 방법론의 발달과 궤를 같이하면서 이러한 패러다임을 좇아왔다. 이러한 방법론은 보편적이고 시대를 초월한 인간 행동의 '실재'를 거의 왜곡하지 않고 반영한다고 가정하고 있는 이론들에 확고한 토대를 제공해 주었다. 이런 관점에서 보기에 '진리'란 인간 행동의 보편적인 법칙으로 생각되는 진리이든 혹은 내담자 삶에서의 중요한 행동을 결정짓는 과거의 구체적 요인이든 상관없이 한번에 조금씩 발견되는 것이다. 모더니즘의 핵심은 세상을 알 수 있다는 믿음이었고, 그럼으로써 자기(self)를 알 수 있다고 하는 믿음이었다. 크게 보면 문제적인 정서와 행동을 계속하게 만드는 비합리적이거나 왜곡된 사고방식의 비판적 분석을 중요시하는 전통적 인지치료들을 뒷받침한 것이 바로 이 논리, 과학 및 객관성에 대한 근대주의자의 믿음이다. 이 관점으로 보면, 치료란 더 나은 '현실 접촉'을 촉진하면서 이를 통해 더 잘 적응할 수 있도록 인지 재구조화를 조성하는 기술을 체계적으로 적용시키는 것이다(R. A. Neimeyer, 1995b).

이러한 전통적인 관점과는 달리, 포스트모더니즘은 시대를 초월한 확실성이라는 바로 그 개념에 대해 의문을 제기하는

데, 모든 인간의 '현실'이 필연적으로 개인적·문화적 그리고 언어적 구성물—그렇다고 현실이 이러한 이유로 덜 실제적이라거나 중요하지 않다는 것은 아니지만—이라는 점을 강조한다(Appignanesi & Garratt, 1995). 이런 관점에서 '진리'는 사실상 개개인과 사회 집단에 의해 구성되며 그 시대의 지배적인 사회적 이념들을 반영하는데, 이러한 진리는 오류에 빠지기도 쉬워서 후세대에 가서 그 오류가 드러나곤 한다. 예를 들어, 여성이나 소수민족의 역할에 관한 문화적 규범들, 특정 행동을 금지하고 처벌하는 법들, 심지어는 정신과적인 진단들도 역사적으로 사회적 구성물이며 변화하는 것이지만, 그렇다고 해서 사람들에게 미치는 영향력이 약화되지는 않는다. 따라서 포스트모더니즘 관점을 취하는 학자들은 사회적 삶의 과정에서 현실과 권력이 구성되는 방식, 흔히 숨겨져 있는 그 방식을 드러내려고 노력한다(Derrida, 1978; Foucault, 1970). 치료자와 정치·사회 운동가들 또한 그러한 방식이 특정 개인이나 공동체의 가능성들을 제한하는 것으로 보이면 그것을 분석해서 '해체(탈구성화)'하려고 노력한다.

06

언어에 포위된 삶

현실주의에서 상대주의로 이동하면서 발생하는 필연적 귀결은, 객관적인 환경의 힘이 약해짐에 따라 현실을 구분하고 인간 행동을 조절하는 모든 상징적인 의미가 담겨 있는 것으로 방대하게 정의되는 언어의 힘이 더욱 강해진다는 것이다. 이 관점에서 언어는 단순히 현실을 표상하는 방식이 아닌 현실을 창조하는 방식이다. 직장 동료를 '나쁜 년'이라면서 의기투합한 두 친구가 나누는 일상적 대화에서도, 끊임없이 날씬함을 추구하는 것을 '아름다움'이라는 용어로 정의하는 문화적 담론에서도 새로운 사회적 현실은 말 그대로 사용되는 용어에 의해 정해진다. 따라서 구성주의자 및 그들과 이웃사촌 격인 사회구성주의자들(social constructionists; Gergen, 1999)은 사람들이 자신과 타인(특히 취약한 타인) 및 인생의 역경을 평가할 때, 문제는 많으나 해결은 역부족이라는 식으로 평가를 하면서 한계를 짓는 방식으로 언어를 사용한다는 점에 큰 관심을 가졌다. 개인이나 사회의 변화를 말하면서 문화적 '맥락'이라는 가정은 당연시하는 것에 반대하는 '저항'정신은 나중에 논의될 이야기치료(narrative therapies)와 같은 몇몇 포스트모더니즘 접근방법에서 특히 뚜렷이 나타난다.

　포스트모던 실제를 위한 구성주의적 인식론의 함의를 여기에서 더 깊게 논의하기보다는 자기(self), 정신병리, 심리평가 등에 대한 개념화 및 치료 실제에서의 구체적인 주제를 가지고 다른 장에서 다시 다루도록 하겠다.

07

자기를 탈구성하기

'성격(personality)'이라는 개념은 양날을 지닌 검이다. 한쪽 면에서 보자면, 성격이라는 개념은 훌륭한 통합적 기능을 한다. 성격은 무수히 많은 인간의 기능 방식과 그 양상이 더욱 총체적인 방식으로 어떻게 조직화되는지를 설명한다. 이러한 면에서 성격은 개인을 독특한 한 사람으로 만들어 주며, 시간의 흐름에 따라 의미 있게 변화하고 발전하면서 타인으로부터 자기를 구별하고 인식하도록 해 준다. 이처럼, 성격 또는 '자기(self)'는 치료 개입의 목표로뿐만 아니라 임상 진단의 방향타가 되는 개념으로 작용하면서 심리치료 역사에서 중추적인 역할을 해 왔다. Freud의 고전적인 구조적 자아 기능 형성에서(Freud, 1940/1964) 대상관계에 의한 자아 기능의 정교화(Kernberg, 1976) 및 자기이론(Kohut, 1971)에 이르기까지, 그리고 '고유자아(proprium)'(Allport, 1961)라는 초기 개념에서부터 자기 발달에 대한 인본주의 이론(Rogers, 1961)에 이르기까지 다양한 성격 모델이 심리치료 이론의 기초를 형성해 왔다. 심지어 과학적이고자 하는 인지행동치료(Beck, 1993)도 내담자에게 자기감찰(self-monitoring)하기, 자기발화(self-talk) 기록하기 및 유사 절차들을 훈련시키는 핵심에 암묵적으로 자기(self)의 기본 역할을 가정하고 있다. 비판적인 사회역사적 관점에서 본다면, 앞서 거론한 이론들은 적어도 원칙적으로 자기를 개인주의적이고, 단일하고, 본질적이고, 안정적이며, 인식할 수 있는 것으로 본다는 점에서 근대주의자들의 담론을 표현한 것으로 볼 수 있다(R. A. Neimeyer, 1998). 이는 심리치료가 자기변화(self-change)를 가져오는 믿을 만한 일련의 기술적 절차로서, 적응을 손상시키는 정신내적인 장애들에 주로 초점을 맞추며 내담자의 자기실현(self-actualization), 자기통제, 자기효능감 등을 고양시키는 방식으로 장애를 치료함을 의미한다.

어떤 의미에서 심리치료에 대한 포스트모던 접근법들은 자아(selfhood)의 개념을 확장시키면서도 이 개념에 대한 우려를 가지고 있다. 한편으로, 자기는 많은 구성주의 이론에서 조직화의 개념으로 기능한다. 구성주의 이론들은 개개인이 상호 주관적인 장(field; Guidano, 1991)에서 자기정체감을 구성하는 '핵심 질서과정(core ordering processes)'(Mahoney, 1991)에 관심을 두고 있다. 나아가 인본주의적 성격 이론들에서처럼 구성주의자들은 사건에 대한 반응을 형성하는 과정에서 개인적인 의미의 역할을 중시하며, 인간은 자신의 삶의 경로를 결정할 수 있는 독립된 개체라고 생각한다(Kelly, 1955/1991). 이 관점에서 볼 때, 우리는 우리의 구성개념들이다. 즉, 성격은 우리가 세계를 해석하며 예측하고 반응하는 무수한 방식의 복합체라고 할 수 있다. 예를 들어, 한 여성 내담자가 어린 시절 친밀한 관계에서 학대를 경험했다면, 이 내담자에게는 어떤 사람이 가까이 지내도 좋은 안전한 사람이고 어떤 사람이 위험한 사람인지를 구별하는 것이 아마도 절대적으로 중요하게 될 것이다.

그러나 이런 '개인적 구성개념'이 그 사람의 체계에 통합되고 나면, 그 구성개념은 그녀의 세계에 관해서뿐만 아니라 그녀에 대해서도 많은 것을 알려 준다. 그녀는 상대방이 보여 주는 모습을 보고 안전한지 또는 위험한지를 매우 신중하게 검증할 것이고 그리고 나서 그 결과에 따라 상대방과 관계를 맺을지를 결정할 것이다. Kelly는 몇몇 구성개념이 '상위' 개념 혹은 우리 삶의 중추적인 개념이 되어서 타인들과의 상호작용에 발판으로 작용하는 계층적 매트릭스를 만들어 낸다고 주장했다. 이러한 관점으로 보면, '자기(self)'란 어떤 타고난 품성 또는 특질에 의해 구성되는 것이 아니라 사회적 영역의 세계에 참여하기 위한 우리의 여러 가지 노력의 산물을 표상한다.

다른 한편으로, 일부 포스트모던 이론가는 이러한 성격 개념 자체가 너무 낭만적이라는 의혹을 지니고 있는데, 이 개념이 개인의 정체성을 보증하는 지표로서 '잘 통합'되어 있고 독립된 자아를 중요시하는 서양 문화의 개인주의와 인지주의를 반영한다고 생각한다. 더 근본적이고 비판적인 시각에서는 정체성이 매우 불안정하며 일관적이지 못해서 우리가 식별할 수 있는 정체

성이라고 하는 것은 우리 내면세계의 목소리를 내기 위해 경쟁
하는 '대화적 자기(dialogical self)'로 구성되어 있는 것에 불과하
다고 본다(Hermans & Dimaggio, 2004). 더 극단적으로 말하자면,
곧 사라져 버릴 '자기의 소멸(death of the self)'을 알리는 것이다
(Lather, 1992). 단지 언어적 구성물로 성격을 간주한다면, 상충
되는 담론들로 가득 채워져서 사회에 흡수되어 버린 '포화된 자
기(saturated self)'라는 개념은 개인을 확인 가능한 경계와 특성
을 지닌 일관성 있는 독립체라고 보는 바로 그 관점과 배치된다
(Gergen, 1991). 따라서 사회구성주의 관점에서 우리 개인의 삶
을 단지 정체성에 대한 모순된 담론들의 장소로 본다면, 개개인
으로서 우리가 불확실성, 갈등 및 모순으로 가득 차 있다는 것
이 놀라운 일은 아니다(예컨대, 괜찮은 배우자와 좋은 부모에 훌륭
한 전문가가 되라는 요구가 다양한 대화와 매체의 이미지에 깊게 박혀
있다). 이러한 담론들 각각은 우리를 특정한 개인의 자리에 '위
치' 지우면서 다양한 방식으로 우리의 요구들이 경쟁하도록 만
든다(Efran & Cook, 2000). 이러한 시각은 자기에 대한 궁극적인
인식이 가능하다는 전통적이고 근대적인 가정을 허무는 것이며,
그럼으로써 이성적인 자기분석(self-analysis)과 자기통제(self-
control) 절차들이 그 타당성을 잃게 된다(R. A. Neimeyer, 1993a,
1995b). 이렇게까지는 보지 않더라도 자기에 대한 보다 사회화
된 관점에서 보자면, 변화를 촉진하는 심리치료적 절차들이 자
기와 사회적 체계 사이에서 조금 더 균형을 잡을 필요가 있다.
그렇다면 심리치료적 절차들은 내담자의 삶을 '지배하는', 때로

억압적이거나 갈등적인 문화적 담론뿐만 아니라 내담자 자신의
경험과 행동을 조직화하는 개인적 의미(혹은 대인관계적 의미)를
표현하고 정교화하며 조정하도록 도울 수 있다(R. A. Neimeyer,
1995a). 정체성이 사회적인 영역 안에서 구성되고 유지되는 과정
에 대한 관심은 다음에 다루어질 포스트모던 가족치료 및 체계
이론에서 좀 더 명확히 드러난다.

08

체계 안에 있는 체계: 후성적 모델

크게 보면, 정체성의 구성에서 개인적 구성 대(對) 사회적 구성이라는 상대적 강조는 광범위한 '후성적 체계(epigenetic systems)' 모델([그림 1] 참조)의 한 표현방법이다. 이 모델에서 인간의 의미와 행동은 일련의 위계를 가지면서 층층이 둘러싸여 있는 체계 및 하위 체계들로 인해 출현하는 결과이다(Mascolo, Craig-Bray, & Neimeyer, 1997). 생물학에서 후성설(epigenesis)은 유기체의 구조, 행동 혹은 능력을 근본적이고 태생적인 것으로 보거나 단순하고 예측 가능한 발달 결과로 보는 이론들과는 대조된다. 즉, 유기체와 환경 체계 사이에 복잡한 수준에서 일어나는 상호작용의 결과로 새로운 구조가 출현한다고 보는 것이다. 이런 체계 속에서 각 구성 요소(예: 염색체)의 기능은 이보다 더 기본적인 수준(예: 유전자)과 더 상위의 수준(예: 세포층) 사이의 교류를 통해 형성된다. 이것을 인간의 기능에 적용해 보면, 후성설은 인간의 의미와 행동 역시 마찬가지로 체계 내의 다층 체계로부터 출현

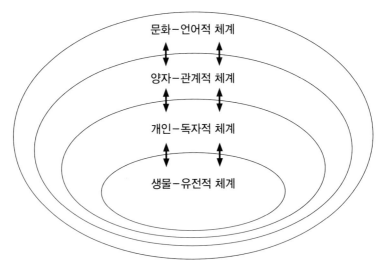

[그림 1] 유기체-환경 체계의 후성적 모델

함을 시사한다. 다층 체계는 생물-유전적 수준, 개인-독자적 수준, 양자-관계적 수준 및 문화-언어적 수준을 담고 있다. 생물-유전적 체계(bio-genetic systems)는 하나의 개체(유전자, 세포 및 기관계)로서의 유기체 수준 아래의 모든 체계를 의미한다. 개인-독자적 수준(personal-agentic level)은 그 자신의 발달을 결정하는 데 있어 제한적이지만 선택이 가능한 하나의 성격으로서의 유기체 기능을 말한다. 양자-관계적 체계(dyadic-relational systems)는 둘 혹은 그 이상의 사람들(예: 가족 체계) 사이의 상호작용 속에서 출현하는데, 이것은 문화적 방식, 관습, 담론 및 신념들로 이루어진 상위 수준의 문화-언어적 체계 안에 깊이 자리 잡고 있다. 이 통합적인 모형에서는 심리적으로 의미 있는 모든 구조와 증상이 독립되어 있는 특정한 하나의 수준에서 발생하는 것이 아니라 이런 포괄적인 체계 속 여러 수준의 복잡한 상호작용으로 발생한다고 본다. 예를 들면, 한 젊은 남성의 우울증 경험을 단순히 기분장애의 생물-유전적 소인이 발현된 것으로 이해하기보다는, 그의 성격의 발달(또는 내적 고립감), 대인관계(특히 가족, 친구 및 직장 상사와의 관계), 그리고 문화적 맥락 또는 서사적 이야기들(무엇이 '남자'답고 주도적인 것인지에 관심이 많은 사람, '정신장애'에 대한 부정적인 담론들) 속에 있는 중요한 의미를 탐색할 필요가 있는 경험이라고 생각할 때 그의 우울증이 가장 잘 이해될 수 있다는 것이다.

방대한 후성적 접근 내에서 다양한 절차와 구조가 많이 연구되었지만, 여러 구성주의와 포스트모던 심리학에서는 분석 단위로서 개인과 집단에 **내재된 해석적 활동**에 집중한다(Mascolo et al., 1997). 이것은 심리치료와 관련하여 네 가지 함의를 지닌다. 첫째, 구성주의의 핵심 강조점에서처럼 **해석**이라는 개념이 시사하는 것이다. 즉, 심리적이고 사회적인 모든 활동은 사건이 개인에게 지니고 있는 의미의 평가와 관련된다는 것이다(R. A. Neimeyer & Mahoney, 1995). 둘째, 해석적 활동을 강조함은 해석이 주로 행동적 수준에서 표현되든 혹은 상징적 수준에서 표현되든 행위가 근본적인 것임을 시사한다. '행위'에 해당하는 '해석하기'는 세상에서 무엇인가를 달성하는 방식이지 단지 생각만 하는 것이 아니다. 셋째, 내재된 해석적 활동에 대한 강조는 인간의 행동이 언제나 맥락 안에서 발생함을 시사하며, 이러한 맥락은 대표적으로는 다른 사람들과 관련되어 있거나 혹은 이전의 사회적

056 1부 구성주의 심리치료: 이론적 특징

이거나 언어적인 활동에 의해 구성되어 온 것이다. 인간의 기능
이라는 것이 한 개인의 평생에 걸쳐 발달하고 시대를 통해 진화
하기 때문에 항상 이러한 더 큰 사회적 맥락의 요구에 맞추어 조
정될 필요가 있다. 마지막으로, 활동에 내재하는 특성에 대한 강
조는 인간이 태어나면서부터 통합되어 있는 존재가 아니라 다양
한 맥락에 적응하는 존재라는 점을 시사한다. 이러한 적응은 의
미와 기능에 특화된 단위들을 개발함으로써 가능하며 의미 및
기능은 한층 더 포괄적인 체계로 통합될 수도 있고 그렇지 않을
수도 있다(Kelly, 1955/1991). 이러한 각각의 관점은 심리적 장애
에 대한 포스트모던 접근의 이해에서 잘 나타나는데, 그것이 지
금 우리가 살펴보려고 하는 것이다.

09

장애의 맥락을 이해하기

보험회사와 감독의료기관의 요구와 달리, 일반적으로 포스트모던 심리치료자들은 전통적인 진단을 꺼리는 경향이 있다. 공식 진단에 대한 이러한 신중한 태도는 삶의 역경을 다루는 그 사람의 독특한 방식으로 개인을 정의하지 않고 그가 지닌 장애로 그 사람을 정의하는 객관주의적 · 환원주의적 · 근대주의적인 방식에 대한 대응이다. 대인관계에 심각한 어려움을 가지고 있는 사람, 유기에 대한 실제적 혹은 상상적 공포를 지닌 사람, 자해 경향이 있는 '경계선 성격'을 지닌 사람 등으로 내담자를 칭하는 것이 언어적으로는 편리할 수 있겠지만, 그렇게 한다고 해서 내담자나 내담자와 같이 작업하는 치료자가 선택할 수 있는 치료 방법이 확장되지는 않는다(Harter, 1995). 따라서 포스트모던 치료자들은 공식적인 진단을 통해 치료 실제와 관련된 정보를 얻기는 하지만 그렇다고 해서 치료 범위를 제한하지는 않는다.

전통적인 진단 방식에 대한 상반된 감정이 있기는 하지만, 포스트모던 심리치료자들은 생물-유전적 수준에서 문화적 수준에 이르기까지 후성적 위계(epigenetic hierarchy)의 다양한 수준에서 여러 가지 독창적인 문제 공식화를 활용한다. 그러나 이러한 진단 자체가 인간이 만들어 낸 구성개념이라는 것을 인식하고 있으며(Raskin & Lewandowski, 2000), 이 구성개념이 어떤 내담자에게는 유용하지만 다른 내담자에게는 그렇지 않을 수 있다는 것도 인식하고 있다. 예컨대, 앞의 '치료 사례'에서 살펴본 Joanne 의 경우, '심리적 원인에서 기인한 공황장애'라는 진단은 어떤 내담자에게는 불안한 감정에 관한 충분한 근거를 말해 주며 공황장애 관련 증상 개입에 필요한 구조적인 지침을 제공해 줄 수 있을지 몰라도 Joanne의 경우에는 자신의 끔찍한 불안을 이해하는 데 아무런 도움이 되지 않았다. 그럼에도 불구하고 그것은 진단 과정에 영향을 주는 다양한 수준의 단계들 간의 상호작용일 뿐만 아니라 내담자와 그 내담자에게 들어맞는 유용한 공식화된 진단을 안내하는 치료자 사이의 상호작용이다. 이러한 수준들이 어떻게 상호작용하는지를 염두에 두는 포스트모던 심리치료의 경향성은 전통적인 인지치료에서처럼 체계의 맨 밑 부분(생물-유전적 수준 및 개인-독자적 수준)에만 초점을 두는 정신의학적이고 심리치료적인 접근들과 구별된다.

여러 요소의 조합이 개인의 문제에 기여하고 있다는 점에 대한 이해는 치료자에게 문제 탐색을 위한 복합적인 방안을 강구하게끔 한다. 이런 관점에 기초하여 이 장에서는 총 네 가지 수준의 접근으로 '장애'에 대한 이해를 도모하고자 한다. 그리고 다

양한 구성주의자, 사회구성주의자 및 이야기치료 관점과 관련된
구체적인 문제 개념화에 대한 논의는 이 책의 후반부에서 좀 더
상세하게 사례들을 제시하며 다룰 것이다.

생물-유전적 수준(bio-genetic level)에서, 구성주의 심리치료자
들은 일부 개인적인 어려움이 생리적 원인에서 비롯될 수 있음
을 인식한다. 모든 심리치료에 해당되는 이야기지만, 내담자가
경험하는 고통(distress)이 생리적 원인(기분장애에서의 갑상선 기
능장애, 발기부전에서 혈류의 문제 등)에서 기인한 것인지 확인하
는 것은 중요하다. 이러한 이유로, 치료에 대한 약리학적 접근이
그 자체로 충분한 것은 아니지만 의학적 평가를 위한 의뢰는 필
요하기도 하다. Joanne의 경우 의학적 평가는 이미 이루어졌으
며, 그녀가 심리치료를 찾게 된 것은 증상의 원인이 된 생물-유
전적 요인이 없었기 때문이었다. 실제로 Joanne의 상황에서는
증상의 의미가 개인-독자적 영역 및 양자-관계적 영역에서 발
견되었기 때문에 신체적인 불평에 많은 치료적 관심을 집중할
필요가 없었다.

개인-독자적 수준(personal-agentic level)에서는 증상의 원인
을 규명하기 위해서 개인이 의미를 만들어 내는 방식에 주목한
다. 이러한 개인의 방식은 잘 수정되지 않는 경향이 있어서 삶
의 경험 속에서 변화하는 욕구들을 충족시키는 것이 종종 어렵
다. 실제로 구성주의 창시자인 George Kelly(1955/1991)는 장애
(disorder)란 실패 그 자체임이 반복적으로 입증되었음에도 불
구하고 지속적으로 사용되는 구성개념이라고 보았다. 세상이

'어떻게 작동하는지'에 대한 개인의 구성개념은 보통 생의 초기에 형성된다. 그것이 형성될 당시에는 그런 구성개념이 쓸모가 있었겠지만 현재 삶의 장면에서는 그 유용성이 상실되었을 수도 있다. 예를 들어, 어떤 아이는 누군가를 화나게 만들면 그것이 곧 자신을 향한 사랑이나 관심을 상실하는 것을 의미함을 일찍이 학습했을 수 있다. 그래서 그 아이는 버릇없이 굴지 않고 '착하게' 행동하려고 애쓴다. 하지만 성인이 되어서도 누군가로부터의 분노를 피하려고만 한다면, 이것은 소극적인 행동, 낮은 자기가치감 및 관계의 어려움을 야기할 것이다. 그렇기 때문에 '분노는 상실을 의미한다'는 생의 초기 구성개념의 수정이야말로 삶의 의미를 만들어 가는 좀 더 적응적인 방식으로 이끌 수 있다.

 인생의 의미에 대한 수정은 내담자와 상담자가 함께하는 상호작용적인 구성과정이지만 수정을 할 것인지의 선택(그리고 어떻게 수정할 것인지의 방향)은 내담자의 독자적인 권리라는 점을 주목해야 한다. Joanne의 사례에서 그녀는 꿈을 좇아 고향 지역사회를 멀리 떠난 것에 대한 죄책감과 자신이 신뢰를 저버렸다고 하는 느낌을 지니고 있었다. 그러한 느낌은 원가족 및 현재의 가족에서 자신이 의무로 생각하는 역할과 자신이 속한 흑인 교회 공동체에서의 자기 역할에 대한 그녀의 핵심 구성개념들로부터 나온 것이었다. 친밀한 사람들과의 관계에서 자신이 해야 할 역할의 선택 범위를 더 폭넓게 구성하게 되자, 그녀는 죄책감과 그에 따른 유사 공황 증상이 감소하였다.

개인-독자적 수준과 마찬가지로, 양자-관계적 수준(dyadic-relational level)도 의미 구성과정(meaning-making process)과 관련이 있다. 그러나 이 수준에서는 현재 혹은 과거의 삶에서 내담자와 관련이 깊은 사람들과 내담자 사이의 상호작용을 진단하는 데 주로 관심을 기울인다. 특히 내담자가 타인과 진솔한 역할관계(Leitner, Faidley, & Celantana, 2000)를 맺을 수 있는지 없는지 그 능력을 탐색한다. 이러한 능력은 타인과 깊고 의미 있는 친밀감을 구축할 수 있게 해 준다. 또한 뒤의 평가 부분에서 서술하는 것처럼, 커플 관계에서의 문제 패턴을 탐색할 때 각 파트너가 상대방의 의미 구성과정을 받아들이는 방식이나 인정하지 않는 방식은 진단적으로 풍부한 정보를 제공해 줄 수 있다. 중요한 것은 관계의 어려움이 내담자의 삶에 현존하는 사람들에게만 국한된 것은 아니라는 것이다. 이 점은 Joanne의 사례에서 특히 중요한 부분이었다.

　포스트모던 치료자들은 현재에 여전히 문제가 되고 있는 관계가 이미 세상을 떠난 사람을 상대로 존재할 가능성도 고려한다. 이 관계가 현재의 적응을 방해하고 있는 것이다. Joanne의 경우, 자신의 삶에서 원치 않게 아버지가 사라져 버렸던 것이 새로운 도시에서의 적응에 어려움을 가져왔다. 그리고 빈 의자 기법을 통해 아버지와 재결합한 경험은 그녀를 자유롭게 해 주었고 주변 사람들과 어우러진 보다 '진솔한' 삶을 영위하게 해 주었다. 일부 인지치료에서도 관계의 영역을 다루고는 있지만, 구성주의는 가장 기본적인 개념이 되는 관계에서의 상호작용적인 의미 구성에 중요한 방점을 둔다는 점에서 인지치료들과 구별된다. 이것은 아주 중요한 측면인데, 구성주의자들은 사람이 관계를 구성한다고 생각하기보다는 좋든 싫든 관계가 사람을 구성한다는 견해를 고수한다.

문화-언어적 수준(cultural-linguistic level)에서 포스트모던 치료자들은 내담자 삶에서의 어려움이 문화적으로 잉태되어 있다는 점에 특별한 관심을 쏟는다. 포괄적인 의미 체계가 다 그렇듯이, 문화를 구성하는 기호, 상징, 규칙 및 역할들이 담겨 있는 방대하고 암묵적인 체계는 양날을 가진 검과 같다. 한편으로는 사람들이 그 안에서 독자적인 정체감을 구성할 수 있는 지지적인 틀을 제공해 주지만, 다른 한편으로는 가능성의 범위를 제한하여 그들이 독자적인 정체감을 지지하거나 심지어 인지하는 것조차 어렵게 만든다. Joanne의 상황에서는 그녀가 고유한 자신의 '목소리'를 찾음과 동시에 자신의 신앙 전통을 따르는 방식을 찾고 있어서 그녀가 속한 지역사회의 '지배적인 이야기(dominant narrative)'(White & Epston, 1990)와 어울리지 않는 (공부를 더 하겠다는) 열망을 자신이 지니고 있다는 것이 죄책감을 느끼게 만들었다. 따라서 이러한 죄책감에 초점을 두게 되었다. 이것은 포스트모던 치료자들이 때로 사회적 변화의 촉진자 역할을 한다는 점을 시사한다. 왜냐하면 그들은 내담자가 자신 및 타인에게 억압적인 문화적 구조(예컨대, 서구 문화에서는 친밀한 관계에서의 주도권이 남성에게 더 쏠리도록 '허용'해 준다)의 요소들을 재해석하거나 그에 저항하도록 돕기 때문이다. 이와 동시에 포스트모던 치료자들은 자신이 선호하는 문화를 내담자에게 부과하려고 하지 않는다. 그 대신 어떤 문화적 틀 내에 존재하는 모순 및 가능성에 주목하고 이를 '탈구성(deconstructing)'하고자 한다.

인간의 잠재력에 대한 낙관론은 많은 포스트모던 치료가 가지고 있는 특징들의 토대를 이루고 있기에 이에 대한 강조는 중요하다. 자기(self)의 복합성은 말할 것도 없고 삶의 복잡성이 끊임없이 우리의 적응을 방해하더라도, 궁극적으로 사람들은 통합적이고 적절한 삶의 이론을 창안해 내는 초보 과학자들이자(Kelly, 1955/1991) 자기 삶의 이야기를 만들어 내는 믿음직한 작가이다(White & Epston, 1990). 또한 개인적인 수준과 사회적인 수준에서 '발전하기 위한' 만족스러운 방법을 찾아내기 위해 문화라는 저장고를 선택적으로 활용하는 사려 깊은 담론 사용자이다(Harré & Gillett, 1994). 다음에서 제시될 것이지만, 회기에서 이루어지는 자발적인 평가 형식에서부터 대안적 정체성을 모색하기 위해 신중하게 고안된 일상에서의 실험에 이르기까지 내담자에 대한 존중을 견지하는 이런 입장은 치료의 모든 측면에서 나타나고 있다.

포스트모던 구성주의라고 할 만한 접근법과 방법이 매우 방대하기에, 이러한 접근법이 적용되지 않는 모집단을 식별하는 것은 어렵다. 그럼에도 불구하고 구별해 보자면, 포스트모던 치료자들은 내담자에 대한 진단적 범주를 정의하는 일에 인지행동 치료자들만큼 열성적이지 않다. 이러한 저항은 부분적으로 내담자의 고유성에 전념하는 것이 윤리적이라고 보기 때문이다. 또한 사람에 대한 포괄적인 분류가 특정 어려움에 당면한 내담자를 어떻게 도울지 그 개입에 유용한 정보를 제공해 주지는 못한다고 보는 인식이 반영되어 있다. 구성주의에서의 평가 기법과 치료적 상호작용이란 일관되게 내담자의 행위에 내포되어 있는 내담자 고유의 자원과 한계점을 파악하고자 노력하는 것이며, 그렇게 함으로써 치료자와 내담자는 내담자가 가진 자원을 활용하여 내담자의 한계를 다룰 수 있다. 자기 자신 및 상황에 대해 내담자가 지니고 있는 구성개념에 따라 어떤 경우에는 포스트모던 치료자들이 그다지 선호하지 않는 치료 기법들이 사용될 수도 있다. 예컨대, 심리교육이 진행될 수도 있는데, 이러한 심리교육적인 상호작용은 치료자가 권위 있는 교사의 역할을 하게 한다. 행동치료 같은 경우에는 행동의 아주 미세한 부분들을 모니터링하며 이를 수정하도록 격려한다.

구성주의치료자들의 치료 방식이 유연하면서 동시에 단호할 수 있고(Efran & Fauber, 1995), 보다 합리주의자인 인지치료자들과 비교해서도 더욱 방대한 심리치료 기법을 사용한다는 연구 결과가 있다(G. J. Neimeyer, Lee, Aksoy-Toska, & Phillip, 2008). 그렇다 하더라도 사실상 구성주의자들은 주된 **작업 방식**으로 내담자의 성찰과 참여를 유도하는 치료 방식을 가장 선호한다(Mahoney, 1993; Vasco, 1994). 이에 상응하여, 치료 수용성에 관한 연구에 따르면 자신의 행동이나 감정을 지배하는 원인이 자신의 내부에 있다고 믿는 내적 통제 소재(internal locus of control)를 지니고 있는 내담자들은 구성주의치료를 선호하는 반면에 통

제 소재를 보다 외부에 두는 내담자들은 전통적인 인지치료나
행동치료에 더 끌린다고 한다(Vincent & LeBow, 1995). 마찬가지
로, 내면 지향적이고 경험에 개방적이며 자신의 문제를 대인관
계 측면에서 파악하는 내담자들은 이 책에서 강조하고 있는 치
료와 같은 성찰 지향적인 치료에 끌리고 그에 호의적으로 반응
하는 경향이 있다. 반면, 외부 지향적이며 경험에 상대적으로 폐
쇄적이고 보수적이어서 자신의 문제를 제거되어야 할 별개의 문
제들로 보는 내담자들은 행동치료적 접근에 더 호감을 보이는
것으로 나타났다(Winter, 1990). 따라서 내담자가 자기 및 자신의
증상 모두를 어떻게 경험하고 있는지 그 지배적인 경험 방식을
평가한 후에 내담자의 개인 요인들이 구성주의치료자의 작업 방
식과 부합하지 않는다면 다른 진행 방식의 치료로 의뢰하는 것
이 구성주의치료자에게 윤리적으로 적절한 행동이다.

2부

구성주의 심리치료: 실용적 특징

후성적 모델을 따라서, 구성주의 평가는 심리치료와 가장 실질적인 관련이 있는 중간 수준의 체계들(즉, 개인-독자적 수준 및 양자-관계적 수준)에 중점을 두면서 인간-환경 체계의 전체 영역에 걸쳐 시행된다. 그러나 임상 작업의 초점은 또한 구체적인 생물학적 수준과 추상적인 문화적 수준에서 시행된 평가의 영향을 받는다. 왜냐하면 집요한 문제들과 싸우고 있는 개인이나 집단과 효과적으로 치료 작업을 하기 위해서는 구체적인 생물학적 병인론(예: 신경학적인 손상, 신체적 질병 또는 기분장애의 유전적 소인 등)과 방대한 사회적 요인들(예: 경제적 제약이나 인종차별, 성차별 등)을 이해하는 것이 때로 결정적으로 중요하기 때문이다. 그러나 이러한 경우라 하더라도 내담자들을 특정 짓고 제한하는 내담자 개인의 의미 및 사회적 의미에 주목하는 것이 구성주의 및 사회구성주의 접근법의 특징이다. 이러한 예는 뇌 손상이 있는 환자의 현상학적 세계에 대한 환기를 가져온 Sacks(1998)의 연구나 방대한 사회적·언어적 요인들이 여성의 정체성 발달을 어떻게 제한하는지에 대한 Brown(2000a)의 통찰력 있는 비평에서 살펴볼 수 있다.

복합적인 체계로 평가하는 이러한 경향은 임상적 맥락에서 포스트모던 치료자들이 전통적인 진단 범주(예: 양극성장애, 조현병 등)를 사용하기도 한다는 것을 의미한다. 주의를 요하는 내담자의 문제가 생물-유전적 요소들과 관련이 있어서 치료자가 이것을 민감하게 파악하는 데 도움이 되는 경우 특히 이러한 진단 범주가 활용된다. 그러나 일반적으로는 이러한 진단을 매우 신중하게 조건부로 사용하는데, 정신의학적 진단이라는 것이 그 자체로 인간의 부정확한 구성개념이며 내담자의 어려움에 대한 대략적인 방향만을 알려 줄 뿐이라고 인식하기 때문이다(Raskin & Lewandowski, 2000). 따라서 내담자의 고유한 개성, 내담자 저마다의 어려움 및 이와 연관된 내담자의 자원을 파악하기 위해서는 내담자의 의미 세계에 대한 더욱 정교한 평가가 요구된다. 2부에서는 독자들에게 구성주의치료방법을 보다 충분히 보여 줄 수 있는 몇 가지 절차(Fransella, Bell, & Bannister, 2004; G. J. Neimeyer, 1993)가 소개된다.

과정 중심의 심리치료 접근법을 지지하는 여러 치료자가 그러한 것처럼, 포스트모던 치료자들은 평가와 개입 사이를 뚜렷하게 경계 짓지 않는 것을 선호한다. 가장 유용한 평가 형태는 관련 주제, 내담자의 문제, 내담자의 어려움 및 내담자의 자원에 대한 내담자와 치료자 양쪽의 인식을 증가시키는 것이라고 본다(R. A. Neimeyer, 1993c). 그렇기 때문에 그들은 치료 시작 전에 이미 완성되어 있는 '분리된' 절차의 평가 형태를 취하지 않는다. 대신 그러한 평가 절차가 문제를 명료하게 해 주면서 변화를 만들어 낼 가능성이 큰 시점에서 대개 치료과정에 그 절차를 도입한다. 구성주의자, 이야기치료자 및 사회구성주의 치료자(social constructionist therapists)들이 사용하는 몇 가지 방법을 여기서 제시하고 설명할 것이며, 그중 일부는 책의 후반부에 나오는 구체적인 사례 연구에서도 거론될 것이다.

10

핵심 관심사를 향한 사다리 놓기

Hinkle(1965)이 처음 도입한 사다리 놓기(laddering)는 개인-독자적 수준에서의 평가 전략이다. 이것은 내담자의 구체적인 지각, 행동 또는 역할 기술(role-descriptions)을 이들이 시사하는 더 상위 위계의 문제들과 연결해 주어 개인의 사적인 구성개념 체계의 위계적 요소들을 직접 밝혀낸다. 이처럼 사다리 놓기 기법은 특정 호소 문제를 내담자가 더 심도 있게 탐색할 수 있도록 해 주기 때문에 치료과정에서 매우 유용하다. 또한 한 개인의 자기감(sense of self)이 증상과 모호하게 얽혀 있을 때 그 얽혀 있는 방식을 밝혀 줌으로써 치료과정에서 유용할 때가 많다. 대부분의 구성주의 방법이 그런 것처럼, 사다리 놓기 기법도 내담자에게 중요한 가치와 내담자가 가지고 있는 강점들을 파악하는 데 유용한데, 이것은 '선호하는 자기(preferred self)'(Eron & Lund, 1996)가 되는 출발 지점을 알려 준다. 모든 의미 체계에는 문제와 개선에 대한 전망 두 가지가 다 포함되어 있으며 가장 효과적인 치료는 가능성을 끌어내어 문제를 다루는 것이다.

사다리 놓기는 거의 모든 개인 구성개념(Kelly, 1955/1991)을 가지고 시작할 수 있다. 혹은 의미심장한 개인적 대비로 시작할 수도 있는데, 이 작업은 매우 흥미로운 치료과정이다. 예를 들어, 부모님의 지속적인 갈등에 대해 이야기하면서 내담자가 아버지를 야심이 많은 사람이라고 묘사한다. 치료자는 암시된 비교에 신경을 쓰면서 "……그런 반면에 어머니는 더……"라고 운을 떼어 준다. 이 말에 내담자는 "음, 어머니는 좀 더 자신에게 만족하시죠."라고 답할 수 있다. '야심이 많은' 대 '자신에게 만족하는'이라는 이러한 구성개념은 다음에 나오는 질문들을 사용하면서 더 상위의 위계로 '올라갈' 수 있게 해 주는 첫 번째 '사다리 계단'이 될 수 있다. 또 다른 경우, 내담자가 익숙한 일(혹은 관계)을 계속 할 것인지와 뭔가 새로운 일을 찾을 것인지의 사이에서 결정을 내리지 못하는 괴로운 우유부단함을 이야기할 수도 있다. 다시 말하지만, 이러한 대비는 각각의 대안이 가지는 함의를 따져 보면서 사다리 놓기 절차를 사용하여 탐색할 수 있다. 마지막으로, 사다리 놓기는, 예컨대 적대적인 감정과 행동 혹은 자신의 성격 요소들처럼 자신의 갈등적인 측면을 탐색하는 데도 유용하다. 이와 관련된 임상 사례는 뒤에 제시되어 있다.

기본적으로, 사다리 놓기는 일련의 단순하면서 반복적인 질문들로 구성되어 있다. 치료자는 그런 질문들 속에서 처음의 양극단을 지니고 있는 구성개념을 먼저 파악하고 나서 내담자가 양극단 중 어느 쪽이 자신과 연결되기를 더 선호하는지 물어본다.

치료자는 내담자의 구성개념을 기록하고 내담자의 선호도를 적고 나서, 이런 선택이 더 상위 수준에서 지니는 함의가 무엇인지 알아내기 위해 '왜?' 혹은 '그런 관점을 취함으로써 얻는 이득은 무엇인가?'를 질문한다. 선호하는 한쪽 극과 그것이 시사하는 상위 수준의 구성개념을 화살표로 연결하고 나서, 치료자는 그것과 반대 또는 대비되는 것은 무엇인지 질문하며 이제까지 선호하지 않았던 다른 쪽 극을 함께 배열한다. 치료자는 이러한 질문을 되풀이하면서 구성개념의 양극단에서의 선호, 한쪽 극을 선호하는 것에 대한 이유나 이득 및 선택한 극과 대조되는 다른 극은 무엇인지에 대해 같은 방식으로 계속 질문한다. 이런 질문은 내담자의 대답이 반복적으로 나오거나 말한 것 이외의 다른 구성개념을 형성하는 것이 어려워질 때까지 계속된다. 그리고 나서는 최종 사다리의 모습을 내담자와 공유한다. 이 사다리를 통해 내담자의 의미 체계와 그것이 내담자의 행동에 암시하는 바를 공동으로 탐색할 수 있다. 내담자와의 면담 일부를 발췌한 사다리를 [그림 2]에 제시하였다. 내담자의 사고가 핵심 문제를 둘러싼 내담자의 의미 체계와 어떻게 부합하는지를 묘사하는 사다리 놓기 기법은 구성주의치료의 고유한 방법이다. 구성주의치료에서는 구성개념 자체만큼이나 구성개념들 사이의 연결이 중요하다는 점을 강조한다.

기혼인 45세 회사원 Michael D는 계속되는 우울감 때문에 치료를 찾아왔다. 그는 우울감이 자기 삶의 공허함과 관련되어 있다고 했다. 그는 회사 동료들에게는 놀랄 만큼 쾌활하고 명랑하

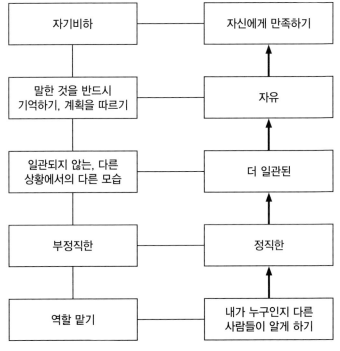

[그림 2] Michael D의 개인적 구성개념 사다리

게 대하였지만, 치료자로서 호의를 가지고 진심으로 대하는 나에게는 자신의 외로움을 드러내는 것을 주저하면서 친밀한 관계 형성을 회피하는 것으로 반응했다. 그의 인생에서 이러한 문제가 지속되고 있는 점에 대해 그가 가지고 있는 '개인적인 이론'이 있는지 묻자, Michael은 자신이 알고 있는 모든 이와의 관계에서 자신이 중요한 '역할을 하고' 싶어 하는 경향이 그런 문제와 관련되어 있는 것 같다고 말했는데, 심지어는 부부 관계처럼 아주 친밀한 관계에서도 그렇다고 했다. 나는 대비를 통해 이 중요한 구성개념을 명료화하기 위해 "그러면 중요한 역할을 한다는 것의

반대편에 있는 입장은 무엇일까요?"라고 물었다. Michael은 빠르게 시선을 다른 곳으로 돌리더니 몇 초간 침묵한 후 다시 내 눈을 보면서 "내가 누구인지 사람들이 그냥 보게 두는 것이죠."라고 말했다. 말을 마치자마자 눈물이 흘러내렸다.

실험적으로 사용한 대비에 통렬한 감정을 보이는 그에게 놀라서, 나는 사다리 놓기 면담 기법을 사용하여 Michael에게 이 구성개념의 심층적인 함의가 무엇인지 밝혀내기로 결심했다.

Bob(B): Michael, 당신이 중요한 역할을 하는 것과 당신이 누구인지 사람들이 알도록 내버려 두는 것 중에서 선택을 할 수 있다고 한다면, 어느 쪽을 선택할 건가요?

Michael(M): 남들이 저를 있는 그대로 보라고 내버려 두는 사람이 되고 싶어요, 정말로 할 수 있는 만큼 최대한.

B: 왜 그런지 이야기해 줄 수 있나요? 그렇게 하면 어떤 이점이 있는 거죠?

M: 그게 좀 더 정직하고 더 진실된 것이니까요.

B: 그러면 그것과 반대편에 대비되는 것은?

M: 속이는 것이죠, 뭐.

B: 그러면 정직한 것과 속이는 것 사이에서 선택을 해야 한다면, 당신의 선택은…….

M: 정직한 거요.

B: 왜 그렇죠?

M: 왜냐하면 그렇게 하는 것이 저를 좀 더 일관성 있게 만들어

주기 때문이죠. 저는 일관성이 없고, 상황이 달라지면 다른
사람이 되는 것 같아요, 직장에서, 집에서 그리고 사회적인
관계에서도. 위치가 달라지면 같은 사람이 아닌 것 같아요.

B: 음. 그러면 일관적인 것 또는 비일관적인 것 중 하나를 선택
해야 한다면, 당신의 선택은?

M: 일관적인 것이요.

B: 왜냐하면……. (말을 멈추고 대답을 기다려 줌)

M: 그렇게 하면 제가 자유를 느낄 것 같거든요. 관계마다 제가
무슨 말을 했는지 다 기억할 필요도 없고, 말할 대사를 미
리 기억해 두어야 할 필요도 안 느끼고요.

B: 그러면 각본처럼 짜인 관계와 자유로운 관계 중에서 선택
한다면?

M: 자유로운 것을 선택하고 싶죠.

B: 왜 그런지 말할 수 있을까요?

M: 음……. (오랜 침묵)

M: 그렇게 하면 제가…… 제 자신에게 만족할 수 있기 때문
이죠.

B: 그러면 자신에게 만족하는 것과 반대인 것은?

M: 그냥…… 자기비하죠, 뭐. 사실 저 같은 사람을 저는 경멸
해요. 언젠가 제가 진심으로 웃을 수 있다면 좋겠어요. 또
사회적인 영향력을 생각해서 뭔가를 열심히 하거나 억지로
할 필요가 없었으면 좋겠어요.

사다리 놓기의 면담을 마치면서 Michael은 다음과 같은 고백을 하며 눈물을 흘렸다. "이제까지 45년을 살아오면서 제 인생이 거짓이었음을 털어놓은 상대는 당신이 처음이에요, 거짓이었노라고 인정한 것도 당신 앞에서 처음입니다."

일단 사다리 놓기가 완성되면, 더 심층적인 주제의 대화로 자연스럽게 사다리를 옮겨 걸칠 수 있다(Michael의 경우, 자신의 기만에 대한 자기비하 다루기, 다른 사람들 앞에서 꾸며낸 듯 부자연스러운 자기표현으로부터 자유로움에 대한 그의 갈망 다루기). 혹은 치료자는 자기일치나 자기모순에 관한 내담자의 느낌에 더 예리하게 초점을 맞추기도 한다. 실제의 자기관과 선호하는 자기관 사이에 양립 가능한 지점이나 상충되는 지점을 내담자에게 노출시키면서, 각 구성개념의 어디에 실제로 내담자 자신이 위치하고 싶은지 질문한다. 마지막으로, 치료자는 내담자와의 사다리 놓기 절차를 더 촉진적으로 진행하기 위해 몇 가지 '촉진적 질문'을 선택적으로 사용하기도 한다. 이것은 회기 내에서 다루어지거나 혹은 기록해 오도록 '과제' 형태로 내 줄 수도 있다(〈표 1〉 참조). 이런 질문들 중 일부는 중요하게도 개인-독자적 수준의 평가 기법이 양자-관계적 수준을 탐색하는 방향으로 이동하게 해 준다. 사다리 놓기 기법의 임상적 사용에 대한 더 자세한 지침은 R. A. Neimeyer(1993c), R. A. Neimeyer, Anderson과 Stockton(2001)의 논문에서 찾아볼 수 있다. 여기에는 상충적이거나 양가적인 더 복잡한 형태를 어떻게 다루는지가 포함되어 있다. Neimeyer, Anderson과 Stockton은 사다리 놓기 기법이 구성주의 이론의

〈표 1〉 개인적 구성개념 사다리를 탐색하기 위한 촉진적 질문

- 당신 사다리의 최상단에 위치해 있는 생각이 시사하고 있는 핵심 가치는 무엇입니까? 이들 핵심 가치가 사다리의 가장 하단에 있는 특정 행동, 특질 혹은 역할을 통해 어떻게 나타나고 있습니까? 당신의 '선호하는 자기(preferred self)' 관점을 가장 잘 보여 준 사람은 당신의 삶에서 누구입니까?
- 한쪽 극을 선호하는 것이 주저되는 때가 있었습니까? 그때 당신에게는 어떤 일이 벌어지고 있었습니까?
- 당신이 말한 그런 선호(preference)를 적극 지지하거나 단호히 거부하는 사람은 당신의 인생에서 누구입니까?
- 이러한 선호들 중에서 다른 사람들에게 보이는 것은 어떤 것이고 보이지 않는 것은 어떤 것입니까? 이러한 선호가 누구에게는 보이고 누구에게는 보이지 않습니까? 이러한 것이 당신의 중요한 관계들에서 시사하는 바는 무엇입니까?
- 이러한 구성개념들의 반대쪽 극단에 당신 자신이나 당신의 가치를 두었던 적이 삶에서 있었습니까? 그때 당신의 삶은 어떠했습니까?
- 당신이 선호하지 않는 극단이 어떤 긍정적인 함의를 지니고 있다고 한다면 그것은 무엇입니까? 어떤 방식들을 통해 이런 반대 극들을 통합하여 가치를 발견할 수 있는 경우가 있었습니까? 그런 삶은 어떨 것 같습니까?

출처: Neimeyer, R. A., Anderson, A. and Stockton, L. (2001) "Snakes versus ladders: A validation of laddering technique as a measure of hierarchical structure", *Journal of Constructivist Psychology*, 14: 85-105에서 수정 인용.

예상대로, 단어로 표현하기 어려울 수도 있는 더욱 추상적이고 실존적으로 함축적인 주제를 내담자가 다룰 수 있게 해 준다는 경험적 증거 또한 제시하고 있다.

11

의미의 사회생태학 지도 그리기: 나비넥타이 면담 기법

　Procter(1987)가 처음 개발한 나비넥타이 면담 기법(bowtie interview)은 후성적 모델의 개인-독자적 수준과 양자-관계적 수준을 연결시켜 준다. 즉, 의미 부여하기의 개인적 과정과 그러한 과정을 가능하게 해 주는 친밀한 관계에서의 정교한 사회생태학 사이를 연결해 준다. 이 기법은 갈등 관계에 있는 부부와 가족들 사이의 복잡한 일련의 상호작용을 명료화해 주고 치료적 개입의 로드맵을 제시하는 수단으로 특히 유용하다. 나비넥타이 면담은 의미의 사회적 구성에 대한 공동의 관심사를 지닌 가족치료자들이 개발한 기법으로서, 가족 구성원 간의 관계를 드러내 주는 다양한 치료적 질문으로 이루어진 **순환적 질문하기**라고 할 수 있다(Hoffman, 1992). 포스트모던 가족치료자들이 사용하는 전략들이 그렇듯이, 나비넥타이 작업은 문제가 되는 체계 혹은 하위 체계에 속해 있는 각 구성원의 **위치**를 정밀하게 검토하는데, 위치란 각자가 구성개념 및 행동의 수준에서 취하는 조직화된 입장이라고 할 수 있다. 즉, 상호작용이 일어나는 모든 순간에 가족 구성원들은 서로를 특정 방식으로 추론하고, 그 추론에 걸맞는 방식으로 행동한다. 동시에 각 개인의 행동 또는 동작은 시작과 끝이 명확하지 않은 돌고 도는 의미와 행동의 순환 속에서 상대방이 지닌 구성개념을 타당하다고 입증해 주거나 혹은 틀린 것으로 무효화시키는 역할을 한다. 의미와 행동에 관한 개인의 구성개념이 관련된 타인의 구성개념과 잘 맞물려 있다는 것의 역설은 구성주의치료의 강력한 **사회적 특징**이자 **관계적 특징**을 강조해 주고 있다. 이러한 점은 개인을 더 강조하는 인지적 접근들과 대비된다.

결혼 2년차인 20대 부부 Ken과 Donna의 사례에서 앞서 설명한 기법이 어떻게 적용되었는지 살펴볼 수 있다. 이들은 격렬한 다툼으로 인해 결혼생활의 위협을 느껴 대학의 상담센터를 찾았다. 내가 수련감독을 하고 있었던 수습 치료자는 눈에 보이는 그 커플의 교착 상태를 어떻게 다룰지 몰랐으며, 막다른 벽 앞에 선 것처럼 보였다. 그 즉시, 나는 치료에서 다룰 문제를 명료히 하고 갈등을 겪고 있는 이 커플에게 균형 잡힌 관점과 통찰을 유도하기 위한 방법으로서 나비넥타이 면담 기법을 떠올렸다. 이것은 대립과 철수를 반복하면서 점점 악화되고 있는 이 악순환의 매듭을 풀려면 어떤 치료방법으로 시작해야 하는지 알 수가 없어서 막막해 하고 있는 수습 치료자를 돕기 위한 방법이었다. 문제 해결에 애를 먹고 있었던 이 치료자는 내가 가르쳐 준 것을 열심히 받아들였다.

　사다리 놓기 면담에서 일련의 표준적인 질문을 사용하는 것보다, 나비넥타이 면담 기법은 좀 더 유연하게 구성되어 있다. 이 기법은 문제에 대한 나비넥타이를 구성하는 네 가지 지점(즉, 두 파트너 중에서 어느 한쪽의 특징적인 구성개념이나 행동) 중에서 한 가지로 시작한다. 이 사례에서 분명한 출발 지점은 치료의 첫 회기에서 Donna가 호소한 것이었는데, Donna는 애초에 치료를 망설였던 회계사인 남편에게 압박을 가하면서 회기를 시작했다. Donna는 남편 Ken이 아무 말 없이 뚱하게 있는 것에 대해 매우 좌절하고 있는 것처럼 보였다. 그녀는 자신의 우려를 자세히 이야기했는데, Ken이 '그녀를 차단하고 밀어낸다'는 것을 강조했다. 그 대학에서 심리학을 전공하고 있는 Donna는 건강한 관계라면 감정을 공유해야 한다고 생각했다. 하지만 자신이 'Ken과 정서적인 수준에서 교감하는 것이 압력을 가해야만' 가능한 일이라고 점점 더 느끼게 되었다. Donna가 그 관계에서 무엇을 추구하는지 탐색하자, 그녀는 '진정한 동반자'에 대한 갈망을 나타냈다. 하지만 그런 갈망은 남편이 아닌 대학교 연극 동아리 친구들에게서 오히려 충족되었다. 관계에 대해 그렇게 생각한다면 그러한 인식에 기초해서 스스로 어떻게 행동하는지 질문하자, 그녀는 "우리 문제에 대해 이야기하자고 Ken을 압박하곤 하죠."라고 시인하였다. 그리고 Ken이 그런 자신의 노력에 따라 주지 않았기 때문에 사회적 욕구를 만족시키기 위해 대학 친구들과 함께 더 많은 시간을 보낸다고 했다.

　이제 Ken에게 주목하면서, 아내의 행동을 어떻게 이해했는지 질문했다. Ken은 "아내가 하는 일이라고는 우리 결혼에 대해 불평하는 게 전부에요. 나보다 자기 친구들에게 훨씬 더 신경 쓰고 있다는 게 분명하죠."라고 대답했다. 그 답변에서는 좌절감이 뚜렷하게 느껴졌다. Ken은 조심스럽게 관계에 대한 우려를 말하기 시작했다. 나아가 "아내가 바람을 피우고 있고 저를 떠나려는 속셈이 있는 것 같아요⋯⋯."라며 두려움을 드러냈다. 관계에 대해 그렇게 해석하고 있다면 그런 생각 속에서 자신이 어떻게 행동하고 있는지 묻자, Ken은 Donna가 집 밖에서 저녁 시간을 보낼 때면 화가 나서 그녀를 멀리하는데, 그러면서 주기적으로 폭발하는 것 같다고 했다. 두 사람 다 이러한 악순환이 최근 몇 달 동안 증폭되었음을 인정했지만, 이런 일이 발생한 것은 상대방의 책임이라면서 서로를 비난했다.

나비넥타이 도표상에서 Donna와 Ken의 위치는 [그림 3]에 나타나 있다. 회기의 구조상 자연스럽게 Donna의 구성개념에서부터 시작했지만, 사실 이 두 사람의 상호작용의 고리에는 상대방에게 문제의 책임을 전가할 수 있는 명확한 출발점이 없다. 그렇기 때문에 문제의 출발점을 찾기보다는 각자가 그들의 관계에서 예측이 가능한 상호작용, 즉 '춤'을 함께 추어 온 것에 더 주목한다. 그들 각자의 행동은 상대방에게 그 상대가 가진 구성개념이 옳음을 입증해 주었다. 그러고 나면 이 타당화된 구성개념에 일치하는 상대방의 추가적인 행동들이 발생하였고, 이어서 이 추가적인 행동들은 계속해서 파트너의 기대와 해석을 타당화해 주었다. 치료자가 제공한 도표에는 고리 모양으로 된 그들의 상호

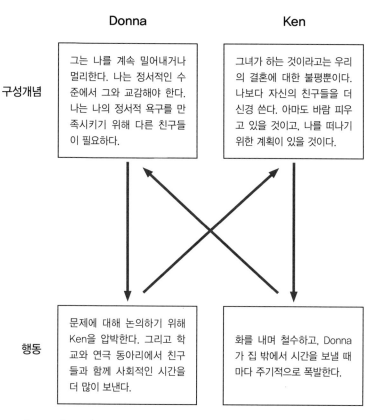

[그림 3] 갈등을 겪는 커플에게 구성개념과 행동 사이를 연결해 주는
나비넥타이 기법

교환 화살표를 손가락으로 따라가면서 반복적으로 확인할 수 있
는 되풀이되는 순환이 나타나 있다. 이 도표를 보면서 두 사람
모두 혼돈 상태로 보이는 결혼생활이 고통스럽지만 실제로 뚜렷
하게 예측 가능성을 지니고 있다는 점을 이해하고 인식했다. 임
시적인 방식이지만 각자는 파트너가 한 행동의 의미를 자신의
언어로 파악하기 시작했으며, 각자 '악순환을 깨뜨리는' 방법에
대해 심사숙고할 준비가 되어 있었다. 악순환의 어떤 측면을 수

정하고자 할 때, 나비넥타이 도표는 심층적인 개입의 좋은 본보기가 될 수 있다. 예컨대, 각 파트너의 행동 변화 수준에서 그들의 상호작용의 의미를 재구성하고, 상대방의 특정 행동을 공감적으로 해석하거나, 여러 수준 혹은 다양한 파트너에게 적용될 복합적인 '혼합' 개입방법을 개발할 수 있다. 이러한 방법은 관계를 악화시키는 치명적인 관계 방식을 중단시키고 관계에서 '서로 다름에 대한 정보'를 제공할 것이다(Bateson, 1972). 가족 체계의 여러 구성원과 관련된 보다 자세한 사례 연구는 Feixas(1995)와 R. A. Neimeyer(1993c)의 글에서 살펴볼 수 있다.

12

항목배열 기법을 이용한
구성개념의 연결망 도표 작성

항목배열(레퍼토리 격자, repertory grids) 기법은 Kelly(1955/1991)가 처음 제안한 이후 후세대 개인 구성개념 이론가들에 의해 확장되었다. 이 기법은 자신의 중요한 경험 영역을 구조화하기 위해 사용하는 내담자의 개인적 의미 차원들을 밝혀내는 유연한 방법이다. 이 기법은 관련 있는 '요소'(예: 가족 구성원, 대안적 직업 또는 신체의 부분)들을 내담자에게 비교하고 대조하게 함으로써, 삶의 그러한 측면을 조직화하기 위해 내담자가 사용하는 개인적 구성개념들이 말로 표현되게끔 해 준다. 그 결과로 나타나는 구성개념은 임상적인 수준에서 드러날 수도 있고, 단지 어떤 인상을 풍기는 정도로 나타날 수도 있다(예: 어떤 내담자에게서 우세한 구성개념이 외적 충동 대 내적 저항 또는 남보다 앞서 있는지 대 남보다 뒤처지는지 등의 주제와 관련되어 있다는 것과 같은 발견).

임상 및 연구상의 목적을 위해 구성개념의 내용들을 범주(예: 도덕적, 정서적, 관계적, 구체적 등)로 분류하는 신뢰할 만한 내용

분석 체계가 고안되었다(Feixas, Geldschlager, & Neimeyer, 2002).
나아가 응답자가 직접 자신의 구성개념의 차원에서 각 요소를
평정하고 그 결과를 다양한 자동화 프로그램을 사용하여 분석할
수 있다(Fransella et al., 2004). 이를 통해 임상가는 내담자가 관
련 영역, 예컨대 대인관계 같은 영역에서 자신의 경험을 구조화
하기 위해 사용하는 의미를 알 수 있게 해 주는 신속하고 종합적
인 시각적 지도를 얻을 수 있다. 따라서 심리학자가 구성한 표준
적인 질문에 내담자가 반응하게 하는 것이 아니라, 항목배열 기
법은 그 본질상 내담자가 먼저 자신의 구성개념을 정해서 관련
요소들을 평정하거나 등급을 매김으로써 자기 자신의 질문지를
구성하도록 안내한다. 인터넷상에서 비용을 들이지 않고 쉽게
이용할 수 있는 전산화된 항목배열 분석 프로그램을 함께 조합
하여 사용하면서, 매우 개인적이지만 한편으로 체계적인 내담자
의 세계에 대한 구성개념을 일별할 수 있는 이 기법의 능력이 임
상 및 비임상 분야 모두에서 폭넓게 사용되는 이유이다. 사용되
는 분야는 인지심리학(Adams-Webber, 2001)에서 직업능력개발
(G. J. Neimeyer, 1992)에 이르기까지 광범위하다.

항목배열 기법이 후성적 모델의 총 네 가지 수준을 평가하는
데 사용되어 온 것 또한 주목할 만하다. 예컨대, 항목배열 기법
은 암 환자의 신체 구성개념 같은 신체적 경험(Weber, Bronner,
Their, Kingreen, & Klapp, 2000), 우울한 내담자의 자기역할(R. A.
Neimeyer, Klein, Gurman, & Greist, 1983), 가족 관계(Feixas, 1992),
광범위한 문화적 태도(G. J. Neimeyer & Fukuyama, 1984) 등과

같이 여러 수준에서 평가할 수 있다. **함의 및 변화에 대한 저항** (Dempsey & Neimeyer, 1995; Hinkle, 1965) 항목배열의 경우처럼 이 기법의 변형은 내담자가 몰두하는 핵심 가치를 정의해 주면 서도 역설적으로 심리치료에서 내담자의 변화를 가로막는 내담 자의 핵심 구성개념을 포착하는 또 다른 수단이 된다. 정밀한 인 지 평가방법을 사용한 복잡한 의미 체계 평가의 시도는 개인 구 성개념 이론이 자기진술이나 단순히 자기보고에 근거한 인지 도 식에 중점을 두는 여타의 인지치료와 다름을 보여 준다. 다양한 환경에서 항목배열 기법을 응용하는 지침은 Jankowicz(2003)가 알기 쉽게 소개하고 있다.

13

자기직면을 이용한 정서적 주제와 관계적 주제 평가

앞서 설명한 부분들과 관련된 기법은 성격검사 방법인 **자기직면 방법**(self-confrontation method: SCM; Hermans, 2002)이다. 이 기법에서는 내담자에게 '가치 판단'이나 삶에서의 주요 사건들 및 환경에 대한 긍정/부정 평가를 먼저 형성하도록 한다. 그러고 나서 내담자에게 일련의 척도를 제공하여 내담자가 앞서 형성한 자신의 답변을 평정하도록 한다. 이 척도들은 개인의 독자성이나 타인과의 **교감** 정도를 측정할 뿐만 아니라 주요 사건들에 대한 정서적 반응 영역을 측정한다. 이 평가는 여섯 가지에서 여덟 가지의 가치 판단을 도출하는 촉진적 질문들로 시작된다. 예컨대, "과거에 당신의 삶에서 중대한 가치를 가진 것은 어떤 것입니까? 그리고 그것이 현재에도 여전히 중요한 역할을 하고 있습니까?" 또는 "미래의 당신 삶에서 중요한 역할을 하리라 기대하는 목표나 목적이 있습니까?"와 같은 질문들이다. 첫 번째 질문에 대한 반응을 예로 들면, 어떤 내담자는 "제 직업이나 경력에 설령 해가 되더라도 친구들과 가족을 위해서 항상 그들과 '함께하려고' 해 온 것입니다."와 같이 답변할 수 있다. 제공된 척도상에서 내담자가 이렇게 응답했다면, 내담자의 가치관이 **사랑** 및 **기쁨**의 강한 긍정적 감정과 타인과의 높은 수준의 교감 혹은 유대와 연관되어 있음을 추측할 수 있다. 이와 반대로 이 내담자는 경쟁적인 가치관을 보여 주는 매우 다른 의미를 부여할 수도 있을 것이다. 예컨대, "제 상사와 고객들의 끊임없는 요구에 맞추려면 아내랑 아이들과의 관계에는 신경을 쓰지 못합니다."와 같은 답변은 강한 부정적 정서(예: 낙담과 실망)와 낮은 교감 수준(예: 낮은 수준의 친밀감 및 애정)으로 평정된다. 〈표 2〉에 이 기법을 단순화하여 제시하였다.

〈표 2〉 자기직면 기법을 위한 지침

네덜란드의 심리학자 Hubert Hermans는 개인의 자기이야기(self-narrative) 또는 개인적 이야기(personal story) 안에 내포되어 있는 기본적인 주제와 동기를 파악하고 성찰하기 위한 인본주의적 방법으로서 자기직면 기법(SCM)을 고안했다. 이 기법은 그가 가치관이라고 부르는, 삶의 경험들에 대한 주관적인 핵심 구성개념을 먼저 포착하고 나서 그것을 정서적인 용어로 평정한다. 그다음 단계로 이 평정 표는 정서적으로 중요한 이러한 경험들이 지니는 일반적 의미를 성찰하기 위해 한층 깊이 있게 분석된다.

한두 문장 속에서 핵심이 되는 가치관을 파악하기 위해 노력하는데, 다음의 질문들에 간략히 반응하도록 하면서 SCM 단축형을 시작한다.

과거
1. 당신에게 지금까지도 계속 큰 영향을 주는 과거의 중대한 일이 있다면 그것은 무엇입니까?
2. 당신의 삶에 큰 영향을 주었던 사람이나 사건이 있었습니까? 그 사람이나 사건이 현재의 삶에도 주목할 만큼의 영향을 여전히 미치고 있습니까?

현재

3. 현재 당신의 삶에서 어떤 것이 가장 중요하고, 당신에게 커다란 영향을 미치고 있습니까?

4. 현재 당신의 삶에서 중요한 역할을 하는 사람이나 사건이 있습니까?

미래

5. 미래에 어떤 것이 혹은 어떤 사람이 당신의 삶에 중대한 영향을 끼칠 것 이라고 예상합니까?

6. 당신이 앞을 내다볼 수 있다고 합시다. 미래의 당신의 삶에 중대한 역할 을 할 핵심적인 목표는 무엇입니까?

예를 들어, 어떤 사람은 1번 질문에 대해 "제 부모님의 이혼입니다. 그로 인해 친 밀한 모든 관계가 생각지도 못하게 끝나 버릴 수 있다는 생각을 갖게 되었습니다." 라고 답할 수도 있다. 혹은 3번 질문에 대해 "내가 해야 할 것을 자꾸 통제하고 결 정하려고 하는 지도교수에게 저항하고 있는 것입니다."라고 답할 수도 있다. 물론 이런 질문들에 대한 정답은 없으나, 경험에 근거해서 정직하게 말하는 것이 유일한 '정답'이라고 할 수 있다.

이제 다음의 정서 척도에 따라 당신의 가치들을 각각 평가해 보자. 각 문항은 0에 서 5점 사이에서 평가되는데, 0은 '전혀 아니다'이고 5는 '매우 그렇다'이다. 예를 들 어, 통제에 저항한다는 앞선 답변에서의 가치관을 적용해 보자면, 누군가는 '자존감' 에 4점, '친밀감'에 0점, '내적 안정'에 1점 그리고 '좌절감'에 3점을 줄 수도 있을 것 이다. 잠시 동안 조용히 앉아 당신의 가치 판단 방식을 '느껴' 보는 시간을 갖고 나 서, 각 가치에 대해 평정하면서 칸에 점수를 기록하는 것이 도움이 될 것이다. 그러 고 나서 다시 마음을 비우는 시간을 가진 후, 다음에 판단할 가치의 정서적인 색조 를 마음속에 떠올리며 다음 칸으로 넘어간다. 삶의 현재 시점에서 '일반적인 감정 (general feelings)'과 '이상적인 감정(ideal feeling)'을 평가하면서 마무리를 짓는다.

가치 판단	1	2	3	4	5	6	일반적인	이상적인
힘(S)								
사랑(O)								
기쁨(P)								
걱정(N)								
자신감(S)								

친절(O)							
즐거움(P)							
불행(N)							
자존감(S)							
친밀감(O)							
내적 안정(P)							
좌절감(N)							
총합	S 총합						
	O 총합						
	P 총합						
	N 총합						

　　표 작성을 마치면, '일반적인 감정'과 '이상적인 감정' 칸을 포함하여 S(self-enhancement, 자기고양), O(contact with others, 타인과의 접촉), P(positive, 긍정), N(negative, 부정) 지표들에 해당하는 각 칸의 점수를 더한다. 총 여섯 가지의 기본 질문에 대한 가치 판단 점수들(일반적인 것과 이상적인 것을 제외하고)을 합산하여 평균(6으로 나눔)을 계산한 뒤, 다음에 제시된 프로파일과 비교해 본다. 8점 이상이면 '높음'이고, 7점 이하이면 '낮음'이라고 정의한다. 그러고 나서 당신의 프로파일을 다음 범주와 비교해 본다.

- 높은 S, O, P / 낮은 N: Hermans에 따르면, 이것은 '통합과 힘'의 프로파일로 자기고양과 타인과의 교감이 모두 높다.
- 높은 O, P / 낮은 S, N: 이 프로파일은 '통합과 사랑'으로서, 타인과의 연대에 의미를 두지만 자기효능감은 감소되어 있다.
- 높은 O, N / 낮은 S, P: 이 프로파일은 '충족되지 않은 소망'을 반영하는데, 타인과의 교감에 대한 높은 갈망이 낮은 수준의 자신감과 짝을 이루고 있다.
- 높은 N / 낮은 S, O, P: 이것은 '무기력과 고립'의 프로파일로, 대인관계에서뿐만 아니라 그 개인에게서도 황폐함이 특징이다.
- 높은 S, N / 낮은 O, P: 이 프로파일은 '공격성과 분노'로 묘사되며, 이 프로파일에서 자기주장은 좌절시키는 세상에 대항하여 맞서는 것이다.
- 높은 S, P / 낮은 O, N: 이 프로파일은 '자율성과 성공'의 패턴이며, 낮은 수준의 타인과의 연대를 배경으로 한다.

높은 점수와 낮은 점수 사이의 차이가 작은 경우 프로파일 해석에 신중을 기하여야 한다는 것을 전제로 하면서, 점수가 높을수록 해당 용어로 당신의 가치 판단이 더 잘 설명될 수 있음을 의미한다. 또한 어떤 반응은 제시된 분류에 해당하지 않거나 혹은 '두 가지 이상의 유형'을 나타낼 수 있다는 점도 유의할 필요가 있다.

지금까지 프로파일을 평가했으며, 이제 다음의 질문들에 대해 생각해 본다.

- 당신의 삶에서 어떤 것이 이러한 정서적 주제들을 만들어 냈습니까? 미래에 이것이 변화될 수 있습니까? 만약 변화될 수 있다면 그런 변화가 어떻게 가능합니까?
- 개별 가치 판단에서 총 여섯 가지 질문에 대한 그러한 판단이 기본적으로 변함이 없는 것입니까, 아니면 개별적인 프로파일들에서 가변적인 것입니까? 과거, 현재, 미래에 대한 가치 판단이 프로파일상에서 뚜렷한 차이들이 있습니까? 만일 차이가 있다면, 그것은 무엇을 의미합니까?
- 당신 자신에 대한 그리고 사회적 영역에 대한 당신의 느낌을 고려해 볼 때, 당신의 프로파일은 당신 삶의 심층 주제로 보이는 것과 얼마나 잘 부합합니까?
- 여섯 개의 가치 판단 프로파일을 '일반적인 감정' 칸의 점수로 계산한 SOPN 프로파일과 비교한다면, 서로 얼마나 잘 부합합니까? 만약 뚜렷한 차이가 있다고 한다면, 그것은 또한 무엇을 의미합니까?
- 이 두 가지 프로파일(평균 프로파일과 일반적인 감정 프로파일) 각각을 '이상적인 감정'에 대한 프로파일과 비교하면 어떻습니까? 만약 차이가 있다면, 당신이 얼마나 당신 삶의 이야기를 변화시키고 싶어 하는지와 관련해서 이 차이가 무엇을 시사해 주고 있습니까? 이 경우 현재의 가치 판단과 이상적인 가치 판단 사이의 간극을 줄이기 위해 어떻게 노력할 수 있습니까?
- 임상적인 평가의 목적으로 자기직면 기법을 사용할 때 어떤 장단점이 있는지 이해하고 있습니까?

출처: Hermans, H. (2002) "The person as a motivated storyteller", in R. A. Neimeyer and G. J. Neimeyer (eds), *Advances in Personal Construct Psychology*, Vol. 5. Westport, CN: Praeger에서 수정 인용.

따라서 상담과정의 각 지점에서 자기직면 기법을 사용하면, Hermans(1995)가 제시한 것처럼 치료적 관계에서 내담자가 공동의 탐색자로 기능하도록 유도하는 동시에 치료적인 측면에서 관심을 기울여야 할 문제들을 보다 명확히 하는 데 도움이 된다. 이런 방식에서 자기직면 방법(SCM)은 주로 후성적 모델의 개인-독자적 수준에 근거한 임상 평가 기법으로 활용된다. 다음에서 기술할 다른 이야기치료 기법들처럼, 자기직면 방법 또한 내담자가 내놓는 이야기의 줄거리와 주제의 주요 측면을 파악하여 내담자의 인생 이야기를 종단적인 관점에서 보고자 하는 경향이 있다. 이러한 방식의 자기직면 방법은 전통적인 인지적 방법의 평가를 보완한다. 전통적인 인지적 방법의 평가가 스트레스 상황 속에서 내담자들이 '현재 말하고 있는' 것에 보다 제한하여 초점을 두는 경향이 있기 때문이다.

14

거울시간을 이용한 자기성찰

어떤 평가 절차들은 과제로 내 주는 것이 더 적절할 때가 있다. 변화를 촉진하는 자기대화를 증진할 치료적 목적으로, 종종 시청각 자료를 활용하여 내담자의 의미 부여과정을 좀 더 시각화 또는 청각화하는 방법을 혼용하기도 한다. 이와 관련하여 Kristin이라는 젊은 여성의 사례가 있다. 나는 자기(self) 및 자신의 경력에 대한 탐색의 시기를 거치고 있었던 Kristin에게 삶의 중대한 시점에서 글자 그대로 스스로를 비춰 보는 수단으로 Mahoney(1991)의 거울시간(mirror time) 기법을 사용해 보자고 제안했다. 그녀는 나의 제안에 강한 흥미를 보였다. 이 기법은 보통 사색에 도움이 되는 음악을 배경으로 하여 개인적인 공간 안에 있는 거울 앞에서 일정 시간을 보내는 절차로 구성된다. 무엇에 역점을 두는지에 따라서 자유롭게 주의를 이동할 것을 권장할 수도 있고, 구조화된 안내 지침(예: 자기의 일부가 관련 질문을 던지고 자기의 다른 부분이 대답하게 하기, 얼굴이나 몸의 여러 부분으로 의식을 이동하기)

이 부여될 수도 있다. 또한 연습을 하는 동안이나 연습이 끝난 후에 떠오르는 느낌이나 생각들을 자유 형식의 일지에 바로 기록할 수도 있고, 어떤 경우에는 치료에서 다루어진 후에야 그런 느낌이나 생각을 알아차릴 수도 있다. 거울시간 기법의 지침을 어떻게 적용하는지는 〈표 3〉에 제시되어 있다.

〈표 3〉 거울시간 연습을 위한 지침

적어도 30분 동안 방해받지 않을 수 있는 자신만의 조용한 장소와 시간을 확보하세요. 준비가 되었으면 거울 앞에 앉으세요. 스툴 의자에 앉는 것도 좋습니다. 자신의 신체 전반을 편하게 볼 수 있도록 해 주는 전신거울이 좋습니다. 그런 후 다음 지시를 따라 하면 됩니다. 당신의 목소리로 지시를 녹음하여 테이프를 재생해도 좋습니다. 사색의 시간을 주기 위해 질문들 사이에 1, 2분 정도(다음 텍스트의 말줄임표로 표시된 부분에서) 시간 여유를 두십시오.

거울 안에 있는 당신을 보면서 처음으로 당신의 주의가 닿는 곳을 천천히 관찰합니다…… 당신이 생각하고 있는 것, 상상하고 있는 것, 느끼고 있는 것을 봅니다…… 당신의 눈을 깊이 들여다봅니다…… 무엇이 보입니까?…… 이 사람을 볼 때 어떤 점이 좋고 어떤 점이 싫습니까?…… 거울 속에 보이는 사람과 당신이 스스로 느끼는 자신 사이에는 어떤 차이점이 있습니까?…… 이 사람, 이 얼굴에서 다른 사람들은 보지 못하는 무엇을 볼 수 있습니까?

이제 눈을 뜨고, 녹음테이프를 사용했다면 잠시 멈추십시오. 앞서 제시한 질문들에 대한 감정의 흐름, 관찰 및 답변 내용이 생생하게 남아 있는 동안 기억을 위해 종이에 간략히 메모해 둡니다. 다 했으면 다시 다음의 지시에 따릅니다.

몇 초 동안 눈을 감고 천천히, 편안하게 호흡해 봅니다…… 자기자각과 자가치유에 집중합니다…… 이제 천천히 눈을 뜹니다. 마음을 열고 자신을 다른 방식으로 바라봅니다…… 소리 내어, 나직이 스스로에게 질문해 봅니다. "너는 누구니?"…… 질문하는 역할의 당신은 인내심을 가지고 또 다른 역할의 당신이 반응할 때까지 답변을 기다려 주면서 대화가 흘러가는 대로 계속해 봅니다…… 진심으로 마음을 열고 있는 이 순간에 당신 자신에게 가장 물어

보고 싶은 말은 무엇입니까? 그리고 어떤 말을 가장 듣고 싶습니까?

이런 성찰의 순간을 몇 분 정도 가지고 나서, 다시 종이에 기록합니다. 당신의 주의가 머문 곳에서 시작해서 감정, 사고 및 인식이나 연습으로 촉진된 통찰로 진전해 나가고 이러한 주제를 다루는 성찰적인 글로 요약하면서 마무리합니다.

출처: Mahoney, M. J. (1991) *Human Change Processes*. New York: Basic Books에서 수정 인용.

이 사례에서 Kristin은 녹음된 지침의 안내를 받으면서 거울 앞에서 30분을 보내라는 나의 제안을 받아들였다. 이 지침의 지시대로 Kristin은 예리한 일련의 성찰 내용을 적었는데, 그 일부를 살펴보면 다음과 같다.

내 왼쪽 눈, 아니 오른쪽 눈 밑에 있는 점. 세상이 나를 바라보던 것과는 반대로 내가 나를 바라보고 있다는 게 낯설다. 모든 사람이 코에 장식한 거냐고 착각하는 내 코의 주근깨. 많기도 하다. 다크서클. 처진 눈썹. 이마의 주름살, 못 보던 게 하나 더 생겼네. 거대한 동공.

나는 눈을 깜빡이고 콘택트렌즈의 건조함을 느낀다. 아래턱을 움직여 반복적으로 나는 딸각 소리를 느끼고, '아래턱 뼈가 닳아서 한쪽이 평평해진, 회복이 안 되는 손상'이라고 했던 의사의 말과 엑스레이 사진을 상기한다. 내 연골의 엑스레이 사진은 섬세한 관절 사이에 날렵한 무지개처럼 걸쳐 있지 않았고 뭔가 잘못된 위치에 있는 콩알처럼 보였다. 습관적으로 눈을 비비고 튼 입술에 힘을 준다. 나는 완벽한 시력과 완벽한 턱관절을 상상해 본다. 그러나 묵직한 욱

신거림과 눈의 건조함만이 느껴질 뿐이다. 이것이 오히려 더 친숙하게 느껴진다.

나는 5학년이다. 나는 25세이다. 나는 5학년 학생을 본다. 나는 젊은 성인이다. 나는 아름답다. 나는 평범하다. 나는 그 둘 모두를 본다. 세상은 나를 이렇게 본다. 아무도 나를 이렇게 보지 않는다. 웃지 않고 있다. 비웃지도 않고 말도 없다. 눈을 크게 뜨고 공기가 나의 콘택트렌즈 밑으로 스며들게 한다. 그러고 나서 눈을 깜빡이고 시야가 흐려진다.

나는 내가 바라보고 있는 사람을 좋아한다. 그녀는 내가 어떤 사람인지 알고 있기 때문이다. 그녀 앞에서 나는 편안함을 느낀다. 나는 그녀를 싫어한다. 그녀는 내가 원하는 정답을 가지고 있지 않기 때문이다. 그녀는 너무 많은 감정을 담아 나를 응시하지만 충분한 지혜는 없다. 나는 그녀를 좋아한다. 그녀는 무너지지 않고 있기 때문이다. 또한 가끔 사람들을 행복하게 해 주기 때문이다. 나는 그녀가 별로다. 그녀는 확신이 없기 때문이다.

그녀의 결의에 찬 눈빛 뒤에 있는 두려움을 본다. 겁을 먹었고 꼼짝하지 않는다. 조용하고 슬프다. 나는 그런 사람이 아니다.

다양한 내가 존재한다. 직장인, 아이, 딸, 자매, 친구, 룸메이트, 연인. 이 중 어떤 것도 나를 정의해 주지 못한다. 나는 마치…… 여행자처럼 내 삶의 경험을 대한다. 나는 여행자다.

그런데 이상했던 것은 나 자신에게 "네가 인생에서 원하는 게 뭐지?"라고 물어보자 그 대답이 '목적'이었다는 것이다. 내가 누구인지와 내가 인생에서 무엇을 원하는지 사이의 이 명백한 모순은 내가

나의 삶에서 목적을 찾아 다니는 여행을 해 왔음을 깨달으면서 해결
되었다. 심지어 어렸을 때도 "내가 뭘 하려고 여기에 있는 거지?"라
는 질문이 나를 추동했다. 그래서 나는 글자 그대로나 상징적으로나
삶을 여행했다. 나는 정서적으로 혼란스러웠던 소녀들과 함께 해답
을 찾았다. 마침내 나는 삶에서 편안함을 느꼈다. 그런 소녀들과 함
께 작업하면서 나는 왜 내가 여기에 있는지 알았다…… 나는 영원히
여행할 생각은 없었기 때문이다.

　나는 거울 속에서 재미있는 표정을 짓는 시간을 끝냈다. 이것은
내가 가장 좋아하는 놀이이며, 웃음이 필요한 사람에게는 훌륭한 치
료이다.

　Kristin의 일지에서 알 수 있듯이, 올바르게 지침이 제공되고
그것대로 잘 진행된다면 언뜻 보기엔 단순한 이 방법이 그 자체
로 생산적인 깊은 자기성찰을 촉진할 수 있다. 또한 치료에서의
치료적 대화로도 부드럽게 연결될 수 있다. 많은 구성주의 방법
이 그렇듯이 거울시간 기법은 내담자의 주의가 사회적 영역에
서 벗어나서 자기 내부로 향하면 내담자가 스스로를 어떻게 경
험하고 있는지 좀 더 생생하고 명확하게 알게 해 준다. 따라서
이 기법은 자신에 대한 진단과 치료적인 평가라는 목표를 동시
에 구현한다. 이 기법을 통해 알 수 있는 것은 평가에 대한 독특
한 지향점이다. 즉, 이 기법은 인지치료 접근에서 그렇듯 고안된
질문지에 매우 제한된 반응을 하는 방법보다는 정신역동 접근
에서의 자유연상 방법과 더 공통점이 있다. 이 기법을 사용하는

100여 명의 내담자를 체계적으로 연구한 결과, 거울시간이 '강력한 치료약'이 될 수 있음이 확인되었다. 이 연구에서 실제로 거울을 사용하는 시간 동안 피부 전도 반응으로 측정한 생리적 각성 수준과 주관적인 긴장감 모두에서 유의미한 증가가 나타났다(Williams, Diehl, & Mahoney, 2002). 안내도 없이 자기(self)와 직면하게 하지 않는, 지침을 가진 '대본이 있는' 거울시간 기법은 여성 내담자에게서 자기비판을 약화시켰으며 또한 이 기법을 연습 과제로 내 줄 때도 좀 더 호의적인 반응을 보이게 했다는 점이 주목할 만하다.

기술한 평가 절차들은 내담자의 의미 부여과정과 그 구조를 양적·질적으로 탐색하는 혁신적인 수단의 일부 예일 뿐이다. 이러한 혁신적 수단은 창의적인 구성주의자들(예: Leitner, 1995; G. J. Neimeyer, 1993; R. A. Neimeyer & Winter, 2006)이 고안하고 수정한 것들이다. 이러한 방법들은 일반적으로 인지적인 접근을 취하는 대부분의 평가보다 한층 더 **총체적인**(holistic) 경향을 띤다. 내담자에게 정서적으로 울림을 주는 의미, 선택 그리고 삶에 몰입하게 해 주기도 하고 몰입을 방해하기도 하는 삶의 이야기에 대한, 개인적으로는 심층적이면서 동시에 복잡하게 사회적이기도 한 체계를 조명한다는 점에서 그렇다. 이제 이러한 체계들을 명시적으로 변화시키는 것에 주목해 보자.

15

자기에서 타인까지의 포괄적 주의

동료들과 논의한 바 있지만(Levitt, Neimeyer, & Williams, 2005), 특정 상황에서 무엇이 적절한지에 대한 현명한 판단을 하는 데 도움이 되는 커다란 원칙들 안에서 치료적 처방이 이루어진다면 치료자와 내담자는 가장 잘 기능할 수 있다. 이러한 지점은 생각 보다 그리 명확하지 않다. '지침이 있어서 따를 수 있고, 신뢰할 수 있으며, 누구나 반복할 수 있는' 치료(Held, 1995)에 대한 갈망 이 가득하기 때문이다. 표준화된 서비스를 누구라도 기본적으로 공급할 수 있도록 하려다 보니 치료에서 다양한 개인의 고유 성이 퇴색해 버린 느낌이 있다. 구체적인 프로토콜, 세부적인 의 제와 검증된 일련의 기법을 선호하며 매뉴얼 안내 방식을 추구 하는 인지행동치료와 비교할 때, 구성주의자들은 치료에 내재된 고유한 개성을 강조한다. 또한 그들 앞에 놓인 문제를 새롭게 이 해하고자 하는 지금 이 순간에, 바로 이 내담자와 함께 작업하고 있는 지금 이 치료자 사이에서의 직면의 즉시성에 초점을 둘 필요가 있음을 강조한다. 주관적이고 변화하며 모호한 환경에서는 구체적인 처방보다 추상적인 원칙이 오히려 더 나은 방향을 제공한다. 이러한 맥락에서 '치료의 3원칙'이라고 할 수 있는 세 가지 원칙을 제안하고자 한다. 이 3원칙은 구성주의치료자들의 작업을 인지행동 계열의 치료와 구별되도록 해 주는 특징적인 요소들을 보여 주며, 치료에 대한 내 견해의 골격을 이루고 있다. 치료자라는 **존재**에 대한 이야기로 시작해서 치료**과정**과 임상 **절차**에서 생각해 볼 점을 다루면서 나의 실제 임상 경험을 같이 제시하고자 한다.

치료는 '우리는 누구인가'로 시작해서 '우리가 무엇을 하는가'로 확장된다. 즉, 필요한 만큼 충분히 우리 스스로를 직면하는 것은 치료의 필수적인 전제 조건이다. 특정한 전통적인 치료 기법을 대략적으로 규정하고 자신의 치료 방식을 자세히 밝히고 있는, 과정과 절차들이 혼합되어 있는 대부분의 치료에서 그렇다. 여기에서 나는 치료 실재의 기본 토대를 강조하고 싶다. 다른 의제로 분산되지 않고 내담자의 관심사를 온전히 다루는 방식은 내담자가 만들고 이행하고 있는 자기이야기(self-narrative)를 반영적으로 들어 줌으로써 치료의 토대를 형성한다. 또한 이 방식은 두 참여자가(가족치료나 집단치료의 경우라면 참여자 모두가) 새로운 관점으로 현재의 난제를 바라보게 해 준다.

이 개념에서 치료자라는 존재는 내담자에게 일방적으로 주의를 '쏟아붓지' 않으며 주의를 기울이려고 씨름하지도 않는다. 치료자가 치료에서 특별하게 자기노출을 해야 한다거나 치료자 자

신의 삶에서 얻은 객관적인 교훈을 내담자에게 제공해야 한다
고 암시하는 치료들과 다르다. 대신 치료자가 자신의 자기감에
서부터 내담자라는 사람에 이르기까지 주의를 기울이는 것으로,
더 전형적으로는 **포괄적 주의**(from-to attention)를 말한다. 과학
철학자인 Michael Polanyi(1958)는 이것을 정확히 '개인적 지식
(personal knowledge)'이라는 형태로 묘사하고 있는데, 이에 따르
면 인식하는 주체는 상대에게 초점 주의를 유지하면서 스스로에
게는 부차적인 주의를 두고 있다. 예컨대, 최근의 한 치료 회기
에서 나는 어머니를 잃고 슬픔에 빠진 여성 내담자에게 (최소한
의) 지시를 하면서 심상 연습을 진행하고 있었다. 같이 눈을 감
고서 상실감을 어떻게 견디고 있는지에 대한 감각을 느끼게 하
려고 그녀에게 자신의 몸을 세밀하게 살펴보라고 했다(Gendlin,
1996). 앞선 치료 대화에서 그녀가 보여 준 짧고 '굳어 있는' 그
녀의 이야기에서 좀 더 '여유 있는' 의미 부여를 할 수 있도록 격
려하고자 지시 속도를 느리게 했다(Kelly, 1955/1991). 그러자 그
녀가 보인 반응은 놀라웠다. 그녀는 더없이 행복한 미소를 지으
면서 머리 주변의 허공을 향해 손을 뻗었는데, 머리와 어깨를 감
싸면서 위에서부터 환하고 따뜻한 빛이 다가오고 있다고 묘사
했다. 따뜻함의 흥분이 나의 등골 아래로 그리고 내 몸 안에 파
장을 일으키는 것에 주목하면서, 나는 그 빛이 그녀에게로 와
서 몸을 더 충분히 감싸게 해 보라고 했다. 지시대로 하면서, 그
녀는 한층 더 밝아져서 거의 웃음을 터트리기 직전이었다. 그러
면서 배에서 기분 좋은 간지럼이 느껴진다고 묘사했는데, 그것

은 어렸을 때 어머니가 자신에게 간지럼을 태웠던 장면을 떠올
리게 하는 강렬한 감각이었다. 내면에 주의를 기울인 이번 회기
를 끝내면서, 그녀는 자신이 느낀 놀랄 만큼의 평온함과 어머니
와의 연결감을 이야기했다. 묘하지만 정신적·물질적으로 어머
니가 여전히 자신과 함께 있다는 강한 확신이 든다고 말했다. 내
담자의 경험을 '관통하는' 나 자신의 교감(상당수 회기에서 인지
적·정서적 수준에서는 물론이고 흔히 뚜렷하게 느낄 만큼의 신체적
수준에서 나에게 발생하는)은 내담자가 처한 상태에 맞추면서 협
력적으로 치료적 '다음 단계'로 향하도록 해 주는 데 유용한 일종
의 연결 지식을 정확하게 표상한다고 생각한다. 나의 개인적 견
해와 비슷하게, 천여 명의 노련한 치료자를 대상으로 실시한 최
근 조사에서 구성주의를 지향하는 치료자들이 합리적인 인지
행동주의적 관점을 취하는 치료자들보다 좀 더 높은 자각(self-
awareness) 수준을 보고하는 것으로 나타났다(G. J. Neimeyer et
al., 2008).

  포스트모던 심리치료에서 협력적, 반영적, 과정 지향적 접근
이 매우 중요한 만큼, 치료자가 취할 자세는 자신과 세계에 대해
펼치고 있는 내담자의 이야기를 존중하고 그에 공감적으로 참여
하는 것이다. 치료자는 내담자에게 어떤 새로운 의미가 만들어
져야 하는지 결정하지 않으며, 대신 내담자가 모순된 낡은 의미
나 구성개념을 인식하도록 돕는다. 그러면서 내담자가 대안을
찾으려고 노력할 때 함께 작업한다. Kelly(1955/1991)는 내담자
와 사회적 환경 사이의 상호작용을 통해 내담자의 의미가 창조

되고 재창조된다고 믿었다(Leitner & Faidley, 2002). 또한 치료 안에서는 치료자가 내담자의 사회적 세계의 대표자 역할을 한다고 믿었다. 이러한 이유로 내담자는 종종 치료자에게 전이를 일으킨다. Kelly에게는 전이가 본질적으로 치료에 침투한 병리적인 것이 아니라 오히려 인간의 의미 부여하기에 따른 필연적인 결과물이었다. 처음으로 치료자를 만나게 되면 내담자는 (여느 사람들과 새로운 관계를 맺을 때처럼) 치료자가 만들어 주는 어떤 상황을 기대한다. 그리고 그 상황에 맞게 '부응'하기 위해 대략 유사하다고 여겨지는 자신의 기존 관계들에서 적용되는 구성개념들을 치료 관계로 가져올 것이다. 예를 들어, 처음에 내담자는 치료자가 잘 돌봐 주는 엄마처럼 반응할 것이라고 기대할 수도 있고, 비판적인 아버지처럼 반응할 것이라고 기대할 수도 있다. 또한 치료자가 자신을 용서해 주는 성직자라든가 노련한 의사처럼 반응할 것이라고 기대할 수도 있고, 어떤 때는 이해심이 많다가도 곧 변덕을 부리는 연인처럼 반응할 것이라고 기대할 수도 있다. 그러나 기존의 관계들에서 새로운 관계로 이전된 구성개념들이 새로운 관계의 독특성을 포괄하면서 그에 맞게 수정되지 못할 만큼 너무 불통에다 융통성이 없다면 어려움이 발생한다. 특히 심각한 정신장애를 경험했던 적이 있는 내담자의 경우, 치료자와 내담자가 함께 내담자 자기(self)의 핵심을 이해해야 하기 때문에 치료자가 그 안으로 다가갈 수 있어야 한다. 이때 심리치료의 중심은 치료자가 다가옴으로써 경험할 수 있는 위협을 내담자가 감수할 수 있을 만큼의 보상적인 관계를 내담자에

게 제공해 주는 것으로 구성된다(Leitner & Faidley, 1995). 내담자
와 치료자 모두가 상대방의 고유성을 인정해 주면서 서로 존중
을 표하는 관계를 형성하고자 할 때, 이 **역할 관계**(한 사람이 다른
사람의 심층적인 의미 부여과정을 이해하려고 노력하는 관계)의 창출
은 매우 중요하다. 내담자 행동에 대한 **치료자의 과정 반응**을 노출
하는 것(예: 내담자가 용기를 내어 어려운 문제에 직면하는 것에 대해
받은 감동을 치료자가 드러내는 것 혹은 매우 피상적인 내용으로 이야
기를 전환하는 내담자에게 치료자가 느끼는 거리감을 노출하는 것)은
내담자의 자각을 키우고 치료로의 연결 강도를 높이는 데 도움
이 되는 기능을 할 수도 있다. 치료자와 내담자 상호 간의 이러
한 연결을 언급하기는 했지만 그렇다고 치료자가 치료적 관계에
서 개인적인 **내용**을 일반적으로 노출해야 한다는 것은 아니다.

　일종의 이러한 수용적인 존재가 신비한 느낌이 들 수 있겠지
만, 다른 용어로도 표현될 수 있다. 가장 적절한 표현 중에는
Buber가 명명한 나-너(I-Thou) 관계를 들 수 있다(Buber, 1970).
Buber에 의하면, 나-그것(I-It) 관계가 상대방을 나 자신의 목적
을 위해 움직이는 단순한 대상으로 간주하는 것임에 반해 나-
너 관계는 타인이 본질적으로 신성불가침의 완전한 개성을 지니
고 있다고 추정한다. 좀 더 친숙한 표현으로 하자면, 나-너 관계
는 인본주의 심리학의 명예로운 전통에서 강조하는, 특히 Carl
Rogers(1951)가 특별하게 강조했던 치료적 **공감, 진실성** 그리고
무조건적인 긍정적 존중의 주요 역할과 맞닿아 있다. 이러한 차원
들에 대한 경험적 연구는 구성주의치료와 인지행동치료의 차별

성을 더욱 드러내 준다. 구성주의치료에서는 평정자가 보다 큰
무조건적인 존중을 보여 주고, 개방형 질문을 사용하며, 재진술
을 해 주는 독립적인 존재라는 특징이 있는 반면, 인지행동치료
에서는 내담자에게 더 대립적인 태도(negative attitude)를 보이
고 정보 제공과 직접적인 안내를 상대적으로 더 많이 사용한다
(Winter & Watson, 1999).

　나는 Polanyi의 기술(description)이 이런 설명을 이해하는 데
도움이 된다고 생각한다. 왜냐하면 우리의 인식이 내담자의 말
이나 행위 같은 표면적으로 드러나는 **전경**(figure)을 향해 있는 동
안, 거기에 내재하는 **배경**(ground)으로서 치료라는 관계적 인식
속에 필연적으로 존재하는 자기(self)를 조명하기 때문이다. 흥
미롭게도 나는 치료자의 자기 또한 내담자의 자기와 유사한 방
식으로 기능한다고 생각한다. 치료자의 질문이나 지시에서부터
치료자 자신의 경험에 이르기까지 치료자가 관여하기 때문이다.
따라서 양쪽 모두에게서 치료자라는 존재는 내담자 스스로의 성
찰에서 찾아내기 어려운 개인적(혹은 대인관계적) 패턴과 과정에
초점을 모아 주는 명료한 렌즈로 작용한다.

16

정서의 자취를 따라가기

치료자라는 존재가 심리치료 작업의 무대를 설정한다고 하면, 과정(process)은 치료라는 드라마가 펼쳐지는 도구이다. 이 비유를 확장하자면, 감독이 연극 공연을 연출하는 것처럼 효과적인 치료자는 상담실에서 펼쳐지는 행동을 연출한다. 감독인 치료자 자신 또한 무대 위의 배우이며 연극을 위한 어떤 대본도 없다는 결정적인 점을 제외한다면 말이다. 치료라는 즉흥극에서, 치료자는 기대하는 방향으로 행동이나 정서를 확장시키고 정교화하거나 강화시킬 수 있는 미묘한 단서에 주목하면서 그 과정을 총괄한다. 이 경우 치료자는 명확한 지시나 제안을 전달하기도 하지만 대개는 내담자의 '대사'나 수행에 대한 치료자 자신의 반응을 통해 그 과정을 지휘한다.

둘(혹은 그 이상의 사람들) 사이에서 실시간으로 일어나는 교류라는 치료 실제에서 볼 때, 과정에 대한 이러한 기본 지향점은 몇 가지 함의를 지닌다. 첫째는 치료의 지침이라고도 말할 수 있는데, 정서의 자취를 따라가기이다. 즉, 의미 있는 정서는 그것이 모호하게 나타날 때조차도(혹은 그럴 때 특히 더) 내담자 경험 속에서 어떤 위태로움이 점점 커지고 있음을 나타내 준다. 예컨대, 불길한 상실의 전조인 슬픔의 그림자라든가 절반쯤 지각된 위협을 말해 주는 부동불안(the static of anxiety), 자신의 소중한 지위나 경계가 침범당한 것에 대한 분노의 외침을 암시하는 울화증 등이 있다. 각각의 경우에서 그 순간에 내담자가 어떤 경험을 하고 있는지 알 수 있도록 뒷받침해 주는 감정의 색조는 타인과의 공간적 거리(proxemics), 언어적·유사언어적(말의 장단, 높낮이 등—역자 주)·비언어적(몸짓, 표정 등—역자 주) 표현에서 명확히 드러난다. 내재된 감정을 명확히 표현하고 정교하게 하는 것(예: "당신이 말할 때 입 부위가 떨리고 있네요. 지금 어떠신가요?" 또는 "지금 당신의 흐르는 눈물이 말을 할 수 있다면, 우리에게 어떤 말을 할까요?" 등의 치료자 개입)만으로도 때로는 충분히 내담자의 자기지각이 심화되며 치료의 선제 요건인 새로운 의미의 상징화가 촉진된다(R. A. Neimeyer, 1995a). 대규모의 조사 연구에서는 합리주의자인 인지치료자들보다 구성주의자들 쪽에서 정서에 더 많이 주목한다는 증거를 제시하고 있다(G. J. Neimeyer et al., 2008). 또한 치료 회기를 면밀하게 분석한 결과, 인지행동치료자들이 좀 더 해석적인 '성찰적(reflexive)' 이야기 과정을 촉진하는 반면, 인본주의적 지향을 지닌 구성주의치료자들은 내담자와 치료자 사이에서 전개되는 정서적인 '내면의(internal)' 이야기 과정에 강력한 중점을 두는 경향이 있었다(Levitt & Angus, 1999).

그러나 달리 보면 정서와 다른 속성들[예: 심상 또는 이야기 (narrative)]은 서로 밀접하게 얽혀 있어서 하나가 나타나면 자동적으로 다른 것(들)이 따라 나올 수 있다. 나는 최근의 치료 회기에서 이러한 예를 볼 수 있었다. 내담자는 오래전에 돌아가신 아버지에 대한 감정이 최근 되살아나면서 아버지의 죽음을 슬퍼하고 있는 외로운 여성이었다. 다른 사람들과 자신 사이에 '유리한 장'이 있는 것같이 느껴진다는 내담자의 말에, 그녀에게 눈을 감고 그 유리를 떠올리고 유리와 그녀의 연관성을 상상해 보라고 했다. 내 말대로 따르면서 그녀는 '8각형으로 둘러싸인 담'을 묘사했는데, 그녀가 그 안에 홀로 있고 다른 사람들은 담 밖에서 스쳐 가는 그림자 같은 형상으로 떠올렸다. 그 울타리에 천장 같은 것이 있는지 물어보자 천장은 없으며 위가 뚫려 있다고 대답했다. 나 역시 그 장면을 상상해 보면서, 그 벽("때때로 만질 수는 있지만 절대 통과할 수는 없는")과 그녀가 어떤 연관성을 가지고 있는지에 대해 좀 더 많은 정보를 얻기 위해 벽의 높이를 물어봤다. 그녀는 주저 없이 대답했다. "8피트예요." "흠⋯⋯." 나는 궁금했다. "높이가 8피트, 거기에 둘러싸인 8개의 벽이라⋯⋯ 8이라는 숫자가 당신에게 특별한 의미가 있나요?" 질문이 끝나자마자 내담자는 약간 숨이 멎는 듯하더니 눈물을 쏟기 시작했다. "네, 8일이라는 날짜에 아버지가 돌아가셨어요!" 자신을 둘러싸고 있다고 느낀, 무너뜨릴 수도 없고 통과해 지나갈 수도 없어 보이는 벽은 다른 사람과의 접촉을 막으면서 그녀를 고립시키는 슬픔의 벽이었다. 이미지를 좀 더 정교화하면서 그녀는 그 벽을 수족관으로, 자신을 물고기로 표현했다. 그 물고기는 그녀가 닿을 수 없는 세계를 관찰하고 있으면서 동시에 그 세계에 의해 관찰당하고 있었다. 이러한 이미지들과 그에 연관되어 있는 감정 및 의미들을 더 탐색하는 수단으로서 다음 회기에 '어항 속의 삶(Life in the Fishbowl)'이라는 제목의 짧은 은유적 이야기를 써 보자고 제안하면서 회기를 마무리했다. 그녀는 나의 제안을 흔쾌히 받아들였다.

단순히 정서의 신체적 표출에 주목하든 치료에서 나눈 의미 있는 이야기나 심상을 통해 정서가 전해지는 방식에 주목하든 간에, 구성주의자들은 인지행동치료자들과 다른 방식으로 정서를 간주한다. 즉, 개인 구성개념 이론가들은 정서를 자기감 및 관계를 유지하는 우리의 핵심 구성개념에서 변화의 조짐이 있음을 알려 주는 단서로 해석한다(Kelly, 1955/1991). 예컨대, 내담자의 불안은 내담자가 어떤 경험을 이해하거나 예측하는 데 필요한 수단을 갖지 못한 채로 그러한 경험을 직면하고 있음을 말해 주는 것이라고 해석한다. 다양한 구성주의 방식으로 작업하는 정서중심(emotion-focused) 치료자들(Greenberg, Watson, & Lietaer, 1998)은 일차 정서와 이차 정서 사이의 관련성을 중요시한다. 최근 상담한 여성 내담자 사례에서 자신에게 거부적인 동료에 대한 내담자의 분노와 저자세는 고립과 유기에 대한 더 근본적인 두려움을 방어하기 위한 것이었다. 이러한 두려움은 냉담한 부모 밑에서 보낸 어린 시절부터 죽 그녀가 품어 왔던 불편하면서도 익숙한 감정이었다. 마지막으로, 구성주의자들은 정서에 대한 Mahoney(1991)의 개념에서 영감을 얻었다. 정서가 비합리적인 추동력이기 때문에 상황에 대한 합리적인 평가에 보조를 맞추어야 한다는 견해들과 다르게, 그는 정서를 일종의 직감(intuitive knowing)으로 보았다. 이런 맥락에서 구성주의자들은 다른 인지행동치료에서와 달리 심지어 부정적인 정서라고 할지라도 제거되거나 통제되고 논박되고 최소화되어야 할 것으로 보지 않는다. 또한 주의를 전환시켜 대처해야 할 것으로 보지도 않는다.

17

설명보다 경험을 중요시하기

정서의 자취 따라가기 원칙의 당연한 결론은 모든 **치료적 변화**가 강렬한 경험의 순간에 시작된다는 것이다. 나머지는 모두 해설에 불과하다. 즉, 강력한 개입이라고 해서 엄격해야 하는 것은 아니며, 경험에 대해 단지 인지적으로 논박하는 것이 아니라 정서적으로 중요한 어떤 경험에 참여하게 함으로써 내담자를 새로운 자각, 명료화 및 가능성으로 안내할 필요가 있다. 목욕을 하면서 어머니와 행복하게 연결되어 있다고 느꼈던 여성 내담자와 심상화 작업을 했던 사례가 지금 이야기하고 있는 논점과 잘 맞는다. 이 사례에서 내담자가 그런 경험을 이야기하고 나서 그것을 어머니와의 연결이라고 규정하면서 언어로 세밀하게 묘사한 것은 적절하고 효과적이었다. Kelly(1955/1991)가 말했듯이, 그녀는 언어 이전의 신체 느낌을 '단어와 결합'하면서 그 순간에 접촉할 수 있었다. 그러나 만일 그런 경험을 하지 않고 단순히 어머니와의 변화된 연결에 대한 논의만 했다면, 그저 추상적인 이야기가

되었을 것이다. 그런 추상적인 이야기는 구체적인 조명이나 새
로운 경험으로 이끌기 어려우며 효과 면에서도 오래가지 못한
다. 새로운 시각에서 독창적인 통합을 하고자 하는 시도로서 내
적이고 외적인 양쪽의 정보 자원에 주목하면서 경험의 여러 측
면들을 탐색하고 변별하는 이 확고한 경향성은 심리치료의 과정
연구에서 인지치료와 구별되는 구성주의의 고유한 특징으로 인
식되어 왔다(Winter & Watson, 1999).

18

파도타기

치료과정을 조절하는 또 다른 원칙은 타이밍이다. 이 원칙은 명확한 것으로, 적절한 순간에 적절한 개입을 추구하는 것이다. 내담자가 무엇인가를 받아들일 만큼 충분한 준비가 되어 있지 않은 상태에서 섣부르게 치료적 개입을 하는 것은 기껏해야 내담자에게 지적이거나 행동적인 순응을 이끌어 내는 것에 그칠 뿐이며, 최악의 경우에는 치료에 대한 저항을 만들어 낸다. 이와 반대되는 때늦은 치료적 개입의 경우 내담자가 상담과정에서 이미 얻은 깨달음과 성취를 불필요하게 재확인하고 내담자의 성장 동력을 정지시키게 된다. 이 두 가지 문제에 대한 비유를 들자면, 섣부른 개입은 마치 파도의 꼭대기에서 너무 지나치게 앞쪽으로 몸을 기울이고 있던 서퍼가 파도 아래로 고꾸라지게 되는 것과 같고 때늦은 개입은 파도의 뒷부분에 있다가 동력을 잃고 결국 더 이상 파도를 타지 못하게 되는 것과 같다. 이런 상황들 속에서 치료자는 내담자에게 필요한 최적의 '의미 부여' 시기를 놓치게 된다. 즉, 섣부른 개입과 때늦은 개입 모두 구성주의자들이 해서는 안 될 치명적인 '실수'인 **추적 오류**(tracking errors; R. A. Neimeyer & Bridges, 2003)를 범하는 것이다. 아들을 상실한 슬픔으로 인해 상담을 받고 있던 Darla와의 상담은 이런 심각한 실수가 없었다면 좀 더 효과적이었을 것이다. Darla는 죽은 아들에 대한 추억과 그것이 불러오는 정서들을 가족 구성원들과 같이 나누기를 원하면서도, 가족 모두가 슬픔의 고통 때문에 침묵하고 있다는 것에 대하여 회기가 시작한 후 약 10분 동안 설명했다. 회기 후반에 그녀는 이 주제를 넘어서 자신의 고통을 바라보는 새로운 방법, '고통을 적으로 대하지 말라'는 주제로 넘어갔다. 가족들이 상실감을 터놓고 이야기하지 않는 것에 대해 그녀가 여전히 어느 정도 집착하고 있었기에, 나는 잠시 멈추고 말했다. "Darla 씨에게는 당신의 고통을 헤아려 주는 사람들이 있다는 것이 중요한 것 같네요. 그 방법[당신의 아들]이 당신의 고통을 이해해 주었을지도 모르겠네요." 이 진술이 어떤 면에서는 사실일지 몰라도, 타이밍이 적절치 못하였다. 내 말을 듣고 난 후 Darla는 나를 멍하니 바라보았다. 그러고는 자신의 생각을 계속해서 좇아가고 있는 듯한 시선 전환과 함께 "네……."라고 하였다. 그녀의 말에 담긴 함축적인 의미를 확장시키기 위해 "'네'가 무슨 뜻이죠?"라고 물어보았다. 나의 촉진적인 질문은 그녀가 경험하고 있는 고통에 대해 이야기를 나눌 수 있도록 우리를 이끌었다. 이것은 앞서 고통을 '적(enemy)'으로 표현하면서, 적과 '함께 일할' 수 있는 방법을 찾을 필요가 있다고 말한 의인화에

알맞은 전형을 보여 주었다. 치료과정에 대해 섬세하게 조율된 개입이 적절한 타이밍에 이루어질 때에만 치료과정은 내담자의 새로운 가능성들을 싹틔울 수 있는 비옥한 토양이 될 수 있다.

그러나 단순히 타이밍에 대한 원칙을 이해하는 것보다 적절한 타이밍에 개입하는 감각을 기르는 것은 훨씬 더 어렵다. 이전에 언급한 바와 같이, 나는 치료자가 상담에 더 깊이 참여하는 것이 내담자의 발화에 내재되어 있는 관점 및 암묵적인 의미와 단서, 관점의 차이들을 내담자와의 대화에서 알아차릴 수 있는 것만큼이나 명확하게 이해할 수 있게 해 준다고 생각한다. 이처럼 기본적인 것에 주의를 기울이는 것에 더하여, '지금 이 순간 내담자가 한 단계 더 나아가기 위해서는 무엇이 필요한가?'와 같은 암묵적인 질문에 주의를 기울이는 것도 유용하다. 이런 질문에 대한 해답은 대단한 것이 아니다. Frankel, Levitt, Murray, Greenberg와 Angus(2006)의 연구에서와 같이 내담자에게 더 깊은 치료과정이 진행될 수 있도록 공간을 만들어 주는 생산적인 침묵(productive silence)을 허락할 필요가 있다.

오랜 기다림의 형태조차도 하나의 반응이다. 내담자는 눈썹을 치켜올리고, 무엇인가를 깨달은 듯한 미소를 짓고, 앞으로 몸을 기울이고, 이마에 주름을 만드는 것과 같은 다양한 방식을 통해 치료자에게 계속하거나 더 이야기하라는 표현을 전달한다. 좀 더 명확한 개입을 위한 질문과 촉진 또는 지시들을 하려고 할 때는 현시점에서 이와 같은 개입들이 내담자에게 적절한지를 직관적으로 판단해야 한다. 이런 점에서 나는 "직관적인 과정은 감각

에 의한 인식이나 생각이 아니고, 감정도 아니며, 오히려 정신의
기본적인 기능, 즉 **상황 속에 내재되어 있는 가능성들에 대한 인식이
다.**"라는 Jung(1971)의 정의가 적절하다고 생각한다. 치료는 직
관적으로 가능성에 대한 감각을 기르고 접목시킬 때 가장 효과
적이다. 구성주의치료자들이 인지치료자들보다 경험에 대한 더
큰 개방성을 중요하게 생각한다(G. J. Neimeyer et al., 2008)는 이
런 결과는 그들의 과정 지향적인 치료 방향과 일치한다.

19

상징적 표현의 힘을 이용하기

치료과정에 대한 추가적인 원칙은 다음과 같이 표현될 수 있다. 최대한의 영향을 위해 단조롭게 표현하기보다는 시적(poetic)으로 이야기하라.* 물론 대부분의 치료적 대화는 내담자의 실제 삶의 현실을 잘 이해하기 위해서 실용적(practical)·기술적(descriptive) 그리고 표상적(representational)으로 이루어지고 필연적으로 일상의 언어(그리고 내담자의 언어)와 밀접하다. 그러나 치료는 단순히 현재의 삶을 그려 내는 것에만 그치지 않고, 신선하고 비유적인 용어를 사용하여 내담자가 처해 있는 현실에 대한 변화를 촉진해야 한다. 이것은 뻔한 전형(transcend the obvious)을 벗어나라고 하는 Kelly(1977)의 주장과도 통한다. 그는 내담자의 문제와 내담자가 처해 있는 상황이나 문제를 해결할 수 있는 가능

---

* 나는 최근 몇 년 동안 치료실 안에서뿐만 아니라 치료실 밖에서도 이런 관점을 더 받아들이고 있다. 그 결과로 내담자와의 임상적인 접촉뿐만 아니라 더 큰 세계와의 접촉에서 발생한 시들을 묶어 『Rainbow in the Stone』(R. A. Neimeyer, 2006b)이라는 시집을 출간했다.

성들과 관련된 풍부한 이미지를 묘사하였고, 때로 치료에서 비문자적인 것들을 강조하며 최소한 가끔이라도 일상의 언어를 넘어서야 한다고 주장했다. 나는 대학원에 재학 중일 때 Kelly가 경직되고 고립되어 있는 내담자와의 치료를 녹음한 테이프를 들으면서 그가 매우 시적이면서 다양한 이미지를 떠올리게 하는 언어를 자주 사용하는 것에 매우 놀랐던 적이 있다. 그는 내담자가 현재의 불만족스러운 관계 패턴에 스스로를 고착화시키는 장황한 불평을 그만두고 자신의 문제에 대해 더 깊이 생각할 수 있도록 촉진하기 위해 다음과 같이 직면시켰다. "그래서 여기 그 남자가 있습니다. 그 남자는 속이 텅 빈 구(球) 속에 있습니다……."

치료자가 시적이고 생생한 표현들을 사용하는 것은 강력한 힘을 발휘할 수 있다. 하지만 앞서 설명한 두 가지 원칙, 즉 적절한 타이밍에 개입하는 것과 내담자의 정서적 자취를 따라가는 것을 지키지 못한 채 시적인 언어를 사용한다면 효과가 없을 수도 있다. 이러한 문제를 방지하기 위해서는 내담자의 상황을 명확하고 정확하게 나타내 주는 언어적 표현에 주의를 기울여야 한다. 이것을 질적인 용어(quality terms)*라고 하는데, 일반적으로 내담자의 은유적인 언어 표현, 운율이나 말의 강세와 같은 유사언어의 변형, 또는 얼굴 표정이나 몸짓에 의해 강조되는 비언어적인 행동 등 세 가지 형태로 표시된다. 질적인 용어에 대한 구체적인

---

* 나는 이 용어를 미네소타주 덜루스에서 활동하는 치료자이면서 트레이너인 나의 동료 Sandy Woolum에게서 빌려 왔다.

사례는 Susan과 함께 한 치료에서 찾아볼 수 있다. 그녀는 임종을 앞둔 어머니를 간호하면서 경험했던 익숙하지 않은 자신감에 대해 이야기했다. 어머니가 어떻게 반응했느냐는 내 질문에 그녀는 "어머니는 받아들이는 것을 힘들어하셨어요. 음…… 저의 새로운 껍데기(façade)를요."라고 털어놓았다. 이야기를 듣고 난 후, 나는 그녀가 말할 때 보였던 강세의 변화와 비유적인 표현과 같이 그녀의 말 속에 있던 질적인 용어들에 대해 다시 질문했다. "좀 전에 당신은 어머니가 당신의 이런 새로운 껍데기를 받아들이는 것을 어려워했다고 말했어요." 그녀는 끼어들면서 "제가 껍데기라는 단어를 사용했다고요?"라고 말했다. 나는 그렇다고 확인해 주었고, 그 단어가 내담자의 깊은 내면을 가린 가면을 의미할 수도 있다고 제안했다. 그녀는 "네, 맞아요, 네, 맞아요……. 그것은 마치 새로운…… 옷 같았어요. 그러나 지금은 점차 더 편해지고 있어요."(마치 새 재킷을 길들이듯이 어깨와 팔을 움직이면서)라고 말했다. 우리는 어떻게 자신감의 껍데기가 점점 더 자기 자신처럼 느껴지는지에 대해 명백하게 알게 되었다. 이후에는 Susan이 계속해서 자신감을 유지하는 것 때문에 딸들과 그녀의 자매들로부터 받은 지지에 대해 탐색했다. 내담자가 자신의 경험을 설명하기 위해 사용하는 개인적 기술어(descriptors)에 치료자가 섬세하게 주의를 기울이는 것은 내담자의 내적 참조 틀로 들어가는 방법이다. 치료과정에 관한 연구에 따르면, 인지행동치료자들과 구성주의치료자들 간에는 개인적 기술어에 주의를 기울이는 정도에서 차이가 있는 것으로 나타났다(Winter &

Watson, 1999).

Martin(1994)은 치료에서 메타포를 사용하는 것의 힘을 강력히 지지해 왔다. 종종 내담자가 먼저 사용한 메타포를 사용하여 치료적 관계의 공동 구축에 기여하거나 또는 내담자의 메타포들로부터 발생한 비유적으로 풍부한 용어들로 치료적 개입이 이루어지는 경우, 내담자들은 상담이 끝나고 몇 달 후에도 훨씬 더 높은 수준으로 상담자의 치료적 개입을 상기할 수 있다고 한다. 또한 Martin이 주목한 것처럼, 질적인 용어들은 문제를 지속하는 자기(self) 그리고 문제에 관한 가정에 도전하고 그것을 변화시키기 위해 내담자들이 궁극적으로 사용하는 것이다. 따라서 치료가 **수사법**(rhetoric)의 한 형태, 즉 실용적인 목적을 달성하기 위한 기교적인 언어 사용으로 이해된다면, 시적이고 비유적인 표현을 사용하는 것과 그것에 주의를 기울이는 것이 치료과정에서 중요한 역할을 한다는 것은 명백하다.

20

필요한 최소한의 치료 구조화

치료 실제에 관한 세 가지 요소인 절차(procedure), 참여(presence), 과정(process) 중에는 절차가 가장 구체적이다. 참여는 내담자와의 상호 주관적인 장(field) 안에 주의 깊고 민감한 치료자를 배치하는 역할을 한다. 과정에 주의를 기울이면 진행 중인 대화를 미묘하게 변화시킬 수 있다. 구체적인 치료적 절차는 확인 가능한 변화 전략들을 이용하여 특정 목표를 다룬다. 이 장에서는 구성주의치료의 기본적인 절차적 변수 몇 가지에 대해 설명할 것이며, 이후에는 치료적 성찰과 변화를 촉진하는 중요한 기술 몇 가지를 설명할 것이다.

포스트모던 치료의 실제 특징을 보여 주는 정형화된 치료 계획표는 존재하지 않는다. 현대의 몇몇 구성주의치료자는 치료가 가능한 한 효율적이어야 한다고 언급했던 Kelly의 입장을 옹호하는데, 이는 일관성치료(coherence therapy)의 특징을 나타내는 1~6회기에 잘 반영된다(Ecker & Hulley, 1996). 이와 달리 '간

혈적인 장기상담(intermittent long-term consultation)'의 치료 모델을 받아들인 구성주의치료자들도 있다. 이 모델에서 치료자는 내담자가 인생이라는 여행에서 예상치 못했던 갈림길 또는 막다른 길을 만났을 때 도움을 줄 수 있는 안내자이자 때로 '동료 여행자'로서의 역할을 담당한다(Mahoney, 1991). 성장 지향적인 방향을 중시하는 일부 구성주의치료자는 심지어 내담자의 기본적인 정서 태도(affective stance)를 파악하고 재구조화하는 것과 같이 몇 년이 걸릴지도 모르는 집중적이고 장기적인 치료를 계획하기도 한다(Arciero & Guidano, 2000; Guidano, 1995). 매 회기별 시간도 이와 마찬가지로 가변적이다. Kelly(1955/1991)의 고정역할치료(fixed-role therapy)에서는 내담자가 그들이 속한 사회 속에서 새로운 역할 또는 정체성을 연기(enacting)해 보는 도전에 직면하게 한다. 이를 위한 연습과 치료 과정은 보통 2주 또는 3주의 기간에 걸쳐 이루어진다. 반면, 포스트모던적 가치를 지향하는 가족치료는 종종 월 단위에 기초해서 진행되고, 주 단위의 회기들에서는 가족치료 회기에서 발생한 변화들을 가족 구성원들이 통합하기 위한 시간을 갖도록 한다(Procter, 1987). 이와 같은 사례들에서 알 수 있듯이, 많은 포스트모던 치료자는 직접적으로 관련이 있는 치료목표에 따라 특정 회기 내에서 치료의 초점을 한 개인에게서 사람들 간의 관계로 옮겨갔다가 다시 개인에게로 돌아온다(Efran, Lukens & Lukens, 1990). 따라서 누가 회기에 참여하는지는 언제 그들이 회기에 참여하는지만큼이나 가변적일 수 있다. 이와 비슷하게, 대인관계 교류집단(Interpersonal

Transaction Group; R. A. Neimeyer, 1988) 그리고 다양한 자각 집단(Multiple Self Awareness Group; Sewell, Baldwin, & Moes, 1998)과 같이 혁신적인 집단치료 형태는 개인이나 대인관계에서의 성찰에 번갈아 가면서 참여하는 것을 체계적으로 촉진한다. 그리고 이런 개인적 탐험의 결과에 기초해서 뒤이어 전체 집단과정 또는 실연방법들이 따른다. 치료적 목적을 달성하는 데 필요한 최소한의 구조를 갖춘다는 것이 일반적인 원칙이지만 회기 내에서의 구조화 정도는 매우 다양하다. 구조화된 회기들이 대개 경직되어 있는 것에 반해 구성주의치료는 유연성을 추구한다는 점과 치료 초점의 차이는 인지치료자와 구성주의치료자를 구분해 준다(G. J. Neimeyer et al., 2008).

21

치료과정에서 변화하는 치료목표를 따라가기

포스트모던 치료에서는 치료자가 직접 치료목표를 설정하는 경우가 드물다. 이 때문에 내담자들은 치료에 참여하기 전에 종종 치료목표를 잘못 이해하기도 한다. 그렇지만 명확한 것은 내담자가 어떤 형태의 고통 가운데 있다는 것이다. 내담자는 고통스러운 방식으로 사회적 세계와 관계를 맺기 때문에 이런 고통이 주기적으로 재발한다. 치료 초기 단계에서는 내담자의 고통을 완화시키는 것과 별개로 내담자의 주 호소 문제를 보다 더 명료화하기 위해 많은 노력을 기울인다. 이렇게 문제를 세밀히 파악해 가다 보면 내담자가 초기에 호소했던 문제들은 변화하고 재정의가 필요하게 된다(Kelly, 1955/1991). 이런 점에서 포스트모던 치료는 초기 단계부터 명확하게 정의된 치료목표를 설정해야 한다고 강조하는 다른 치료들과 구분된다. 포스트모던 치료에서는 치료 시간 동안 '열려 있는(spaciousness)' 감각을 촉진하고자 한다. 그리고 최소한으로 구조화된 회기를 통해 문제를 처음 마주할 때 경험하는 모호하면서 '의미 있는 특별한 감각 (felt sense)'을 더 명료하게 하고 목표를 설정해 나간다(Gendlin, 1996).

포스트모던 치료에서는 의제(agenda)에 따라 진행되는 회기를 선호하지 않는다. 그러나 이것이 구성주의가 비효율적이거나 치료적 방향성과 목표 없이 표류한다는 것을 의미하지 않는다. 오히려 앞서 설명한 바와 같이 치료자는 회기 동안 내담자의 감정, 관심사, 인식의 '확장되는 경계(growing edge)'에 정확히 집중하려고 하거나 내담자의 주의(attention) 및 확장(extension)에 맞추어 가장 적합한 조치를 취하기 위해 준비한다. 예컨대, 회기를 시작할 때 "오늘은 무엇을 완수할 준비가 되어 있으신가요?" "이번 회기에서는 당신을 위해 무엇을 하고 싶으세요?" 또는 "지난번에 우리가 만난 이후로 당신에게 좀 더 명확해진 것은 무엇인가요?"와 같은 치료적 질문을 하는 것에서 구성주의치료의 기본 철학이 잘 드러난다. 또한 구성주의치료는 명확히 드러나 있지는 않아도 지금 바로 이 치료적 순간에 내담자가 수행할 준비가 되어 있는 '과제 (tasks)'가 어떤 것인지를 알려 주는 특정 '표시(markers)'를 탐색하는 것이 중요하다고 제안한다(Greenberg, Elliott, & Rice, 1993). 이 책 서두의 '치료 사례'에 소개되었던 Joanne의 사례에서 아버지와의 '미해결 과제'를 해결하기 위해 빈 의자 기법을 사용했던 것이 적절한 예시에 해당한다. 이런 방법은 내담자와 치료자 사이의 시시각각 변화하는 상호작용을 심리장애(예: 우울, 사회불안)나 특정 내담자(예: 경계선 성격장애 환자, 트라우마 생존자들) 유형과 같이 범주적으로 분류하기 위한 일반적인 의제로 사용하지 않는다. 오히려 그보다는 그런 상호작용을 치료와 직접적으로 관련이 있는 과정목표들(process goals)을 확인할 수 있는 가장 확실하고 효과적인 가이드로 사용한다. 따라서 Mahoney(1988) 의 관점에서 포스트모던 치료법들은 미리 정해 놓은 목적을 향해 가는 '목적론(teleological)'적인 치료가 아니라 최종 결과가 사전에 미리 예측될 수 없다고 해도 시간에 걸쳐 의미 있는 변화를 나타내는 '목적률(teleonomic)'적인 치료이다.

22

내담자의 성찰을 촉진하기

　다른 한편으로, 추상적인 수준에서 구성주의치료는 **명확한 목표**를 가지고 있다고 말할 수 있다. 이러한 치료목표에는 자기변화를 위한 자각 능력이나 성찰 능력을 증진하기(Rennie, 1992), 핵심적인 수준에서 타인에 대한 개방성을 높이고 그들에 대한 관계적 반응들을 증가시키기(Leitner, 1995), 자신의 삶에 대한 '주도성(voice)'을 확장하고 권한을 부여하기(Brown, 2000b) 그리고 선호하는 자기서술에 대한 사회적 확인(social affirmation)과 실연(enactment) 역량을 고양시키기(Eron & Lund, 1996) 등이 포함된다.

　다른 많은 인본주의적 접근과 유사하게, 포스트모던 심리치료는 내담자의 의미 부여 능력으로로부터 변화가 발생한다고 본다(Bohart & Tallman, 1999). 내담자와 치료자 사이의 대화적 관계에서도 새로운 가능성이 발생하지만, 궁극적으로는 내담자 자신의 노력과 통찰이 삶의 적응을 지속 가능하게 한다. 따라서 치료 계획과 개입은 내담자의 (비)적응적인 핵심 의미 부여과정 및 그것의 효율성을 저해하는 방식이 무엇인지를 밝혀 주는 치료 요소들의 역할을 촉진하는 정도일 뿐이다. 그러므로 특정 기법 자체가 변화를 일으킨다고 보기는 어려우며, 주로 그런 기법들은 내담자의 개인적인 의미 부여 활동들을 정교하게 하는 데 도움이 된다는 점에서 유용하다.

대부분의 포스트모던 치료자가 중요하다고 생각하는 내담자의 삶의 이야기 또는 문제적인 구성개념들과 관련된 내담자의 성찰은 결코 정형화된 틀에서 해석되지 않는다. 오히려 내담자의 삶의 경험을 구성하는 패턴들이 어떻게 생겨났는지에 대해 내담자의 역사를 고려하여 해석한다. 여기서 핵심적인 것은 그 '해석'이 치료자에 의한 해석이 아니라는 것이다. 중요한 것은 내담자에 의한 해석이다. 이러한 해석은 내담자의 통찰을 가져올 수 있으며 내담자의 행동 변화에 의미 있는 영향을 준다. 따라서 이런 이해를 배경으로 작업하는 치료자들은 보통 내담자와의 전문화된 해석적 상호작용을 피한다. 대신에 지금껏 자기제한적인 패턴을 선택하도록 만든 환경을 내담자가 생생하게 만나도록 하는 경험적인 개입에 집중한다(이 책에서 소개된 다른 예와 같이). 결국 구성주의 메타이론에 따르면 치료자들이 내담자의 **정서적** 진실성에 반응하고(Ecker & Hulley, 1996), 이전과는 다른 새로운 방식으로 사건을 경험할 수 있도록 돕는다면(Kelly, 1969) 내담자의 삶의 경험에 대한 해석들이 **문자 그대로** 사실일 필요는 없다 (예: 부모가 정말로 학대했는지 아닌지를 결정하는 것). 이와 비슷하

게, 현대의 정신역동적 치료의 구성주의적 변형에서도 내담자
의 경험에 대한 객관적인 '역사적 사실'보다는 오히려 주관적인
'서술적 진실'을 중요시하는 방향성이 뚜렷이 드러난다(Spence,
1982).

　만약 포스트모던 치료에 내담자의 자기변화를 촉진하는 것과
관련된 '기법'이 있다면, 그런 기법들은 주로 내담자가 대인관계
에서의 미묘한 상호작용과 사회적인 의미 부여를 탐색할 수 있
는 능력에 초점을 맞출 것이다. 또한 변화하는 삶의 경험에 대
한 적응을 촉진하거나 방해하는 세계와 자기에 대한 구성개념들
을 재조정하고 명료화하고 상징화할 수 있는 능력에 주로 초점
을 맞출 것이다. 이런 점에서 구성주의 심리치료의 궁극적인 목
표는 내담자들이 그들의 현재 자기이야기에 수반된 요소들을 파
악하여 새로운 자기이야기를 만들고 이를 수행하는 데 있어 더
나은 태도를 갖도록 하는 **자기 경험의 전문가**(connoisseurs of their
experience)가 되도록 돕는 것이다.

23

저항과 친구 되기

전통적인 심리치료와 마찬가지로 인지행동적 접근을 취하는 대부분의 치료에서는 치료적 '작업'에 대한 내담자의 저항을 부정적인 것으로 간주하는 경향이 있다. 이런 저항에는 내담자의 동기 부족, 비순응(noncompliance), 힘들거나 고통스러운 것에 대한 동기화된 회피, 치료적 통제에 대한 반발(reactance) 등이 있다. 그래서 인지행동적 접근을 사용하는 치료자들은 심리교육에서부터 행동 활성화 그리고 내담자가 치료 과제에서 더 다양한 선택을 하도록 돕는 강화유관성(reinforcement contingencies)을 증가시키는 것에 이르기까지 치료과정을 가로막는 장애물들을 극복하기 위해 다양한 기법을 사용한다.

이와 달리 포스트모던 심리치료자들은 저항을 선택에 대한 **양가감정** 또는 필요한 형태의 **자기보호**로 이해하며, 각각의 경우에 따라 치료자는 다르게 반응한다(Frankel & Levitt, 2006). 예를 들어, 개인적 구성주의 이론가들은 내담자가 변화를 주저하는 것은 세상을 이해하는 핵심적인 방식의 변화가 가져오는 위협감에 대해 적응적인 반응을 하는 것이라고 생각한다(Kelly, 1955/1991). 그렇기 때문에 구성주의치료에서는 변화에 대한 저항이 일어나기 쉬운 구성개념들을 확인하는 특별한 평가방법이 고안되어 왔다. 고정역할치료와 같은 접근법들에서는 내담자가 자기와 타인에 대해 이전에 가지고 있던 구성개념을 부인하지 않으면서 새로운 역할을 실험할 때 내담자가 '～인 척하는(make believe)' 보호적인 가면을 쓰는 것을 허락하여 변화하는 것에 대한 위협감을 완화시킨다.

사실 핵심적인 정체성을 정의하는 구성개념들을 확인하는 것이 어려울 때 저항은 더 잘 나타나는데, 그것이 내담자의 증상을 유지시키는 과정을 살펴볼 수 있는 창을 제공한다. 예를 들어, Ecker와 Hulley(2008)의 일관성치료(coherence therapy)에 기초하여 작업하는 치료자들이 특히 주목하는 저항이 있다. 그것은 내담자에게 자신이 흔히 겪는 문제 상황의 한가운데 있다고 상상하되 그런 상황에서 항상 나타나곤 했던 자신의 문제 행동은 보이지 않는 모습을 그려 보라고 할 때 발생하는 저항이다. 어떤 내담자들은 심지어 상상 속에서도 문제가 없는 자신의 모습을 떠올리지 못한다. 이럴 때 문제가 있음을 의식하고 있지만 그런 행동을 계속하게 만드는 무의식적인 필연이 무엇인지 내담자에게 직접 질문해 볼 수 있다.

다소 다른 견지에서 보면, 이야기치료자들(White & Epston, 1990)은 **문제를 표면화**함으로써 역기능적인 패턴들을 극복하려는

내담자의 노력(다음에 예시된 것처럼)에 반응하고 이후에 그것이
내담자의 삶에 미치는 '실제적인 영향'을 내담자와 함께 분석한
다. 때때로 내담자들에게 그들 자신과 그들의 문제 행동 사이의
'관계'를 명확하고 선명하게 보여 주기 위해서 내담자에게 자기
삶의 지배적인 문제들(예: 알코올 중독, 불안)이 마치 자기 자신인
것처럼 이야기해 보도록 함으로써 저항에 대한 저항을 극복한다
(예: R. A. Neimeyer, 2006a). 단순히 저항을 해석하거나 치료자의
요청에 따라 순응적으로 행동하는 것을 추구하기보다는 이런 식
으로 저항과 함께 '친구가 되는' 또는 '대화를 하는' 것이 더 큰 치
료적 진전을 이룰 수 있다. Frankel과 Levitt(2006)은 그들의 연구
에서 내담자의 저항에 대한 개념화와 관련된 철저한 논의와 전
략적인 반응을 일군의 포스트모던 구성주의 심리치료 관점에서
설명하고 있다.

24

과제 고려하기

　치료 구조화와 목표 설정, 심리평가 및 심리치료의 구체적인 절차들에 대한 논의에서 주장한 바와 같이, 회기 사이의 과제는 어느 정도 유용한 부속물로 생각되지만 그것이 모든 포스트모던 치료에서 그런 것은 아니다. 치료 회기와 유기적으로 맞물리도록 치료자가 제안한 다양한 유형의 과제들이 사용될 수도 있다. 그러나 그런 회기 간 활동은 치료자가 내주는 과제에서 생겨나지만 내담자가 그것을 주도할 수도 있다. 내담자가 주도하는 과제로는 일관성치료에서 사용되는 무의식적인 이유(Pro-symptom Position: PSP) 기록 과제가 있다. 또한 Kelly(1955/1991)의 고정역할치료에서 책이나 영화의 주인공인 것처럼 자신의 '성격묘사(character sketch)'를 하거나 사회적 세계에서 가상적인 역할을 실행하도록 고안된 세부적 과제에 이르기까지 과제들의 복잡성(complexity)은 다양하다. 이와 같은 과제들이 고안되어 왔고 구성주의자들에 의해 간혹 사용되기도 했다(임상 사례를 활용한 방법들을 보기 위해서는 R. A. Neimeyer & Winter, 2006, for a toolbox of such methods with clinical examples 참조). 그렇지만 일반적으로 구성주의치료는 이런 점에 있어서 겉으로 드러난 내담자의 노력과 자기감찰(self-monitoring)의 다양한 형태가 행동 변화의 중심 기제라고 생각하는 다른 형태의 인지치료들보다는 덜 지시적이다(Kazantzis & L'Abate, 2006). 포스트모던 치료자들은 치료자가 부여한 과제를 과도하게 사용하는 것에 대해 회의감을 갖고 있는데, 이는 내담자에게 발생한 변화가 치료자의 치료 계획의 결과라기보다는 내담자의 활동의 결과라는 신념을 반영한다(Bohart & Tallman, 1999). 그렇기에 치료자의 고도화된 치료적 계획하에 과제가 구성되어서는 안 된다.

25

무의식적인 이유를 드러내고 직면하기

Kelly(1955/1991)가 언급한 바와 같이, 구성주의치료는 '기법적인 측면에서는 절충적이지만 이론적으로는 일관된' 경향이 있으며, 개별 사례에 대해 통합적이지만 심층적인 이해 속에서 변화를 위한 다양한 전략을 사용하도록 한다. 이러한 기법의 다양성을 설명하기 위해 상호 보완적인 두 가지 접근방법을 사용할 것이다. 하나는 좀 더 개인주의적인 구성주의 모델에서 비롯된 것이고 다른 하나는 좀 더 문화적인 방향성을 가진 사회구조적 모델에서 비롯된 것이다. 각각의 방법은 책에서 소개하고 있는 사례들을 세밀하게 살펴보는 데 도움이 된다.

원래 심층지향 단기치료(depth-oriented brief therapy) 또는 DOBT(Ecker & Hulley, 1996)로 불리던 **일관성치료**(coherence therapy; Ecker & Hulley, 2008)에서는 치료 초기에 내담자에게 실제적인 고통을 야기함에도 불구하고 그 문제를 유지시키는 본질적인 요소인 무의식적인 구성개념의 실제를 드러내고 변형시켜 신속한 변화를 만들어 내는 것을 목적으로 한다. **증상 일관성** (symptom coherence)에 대한 이러한 핵심적인 가정은 다음과 같다. 내담자가 보이는 문제 또는 증상이 개인의 구성개념으로부터 발생한다는 것이다. 이러한 구성개념이 개인의 구체적 상황에서의 인식이나 자기 및 사회적 세계에 대한 인식의 토대가 된다. 따라서 구성개념에는 **장애**가 반영되어 있다기보다 내담자가 나타내는 문제나 증상에 숨겨져 있는 **규칙**이 반영되어 있다. 이 기법에서는 내담자들이 무의식적인 증상을 의식 속으로 통합하고 변화시키기 위한 전제 조건으로서 내담자들로 하여금 매우 생생한 경험적 방법들을 통해 자신의 문제를 유지시키는 무의식적인 구성개념들을 인식할 수 있도록 적극적으로 안내하는 방식을 취한다.

전형적으로 치료 초기에는 의식적인 증상(anti-symptom position)에 대한 치료를 시작한다. 이런 증상에 대해 치료를 할 때, 내담자들은 자신의 증상(예: 우울, 우유부단함, 꾸물거림, 배우자와의 다툼 반복)을 그들 삶의 불필요한 장애물로 치부한다. 전통적인 인지행동치료들에서 내담자와 치료자는 특정 기법(예: 행동활성화, 인지 재구조화)을 적용하여 문제를 직접적으로 해결하려는 시도를 하거나 또는 그런 증상들을 다루기 위한 보상적인 대처 기술을 개발하는 작업을 한다. 그러나 일관성치료에서는 반대로 의식적인 증상이 지속되는 근본적인 역할을 하는 무의식적인 이유(pro-symptom position)를 내담자가 어떻게 경험하고 있는지 그 **정서적 실제**(emotional truth)를 확인하기 위해 치료자와 내담자가 함께 작업한다. 무의식적인 이유를 의식적인 자각 속으로 완전히 통합할 때에만 내담자는 자신이 사용하는 지식과 증상을 비교하면서 증상이 더 이상 자신의 삶과 관련이 없다는 것을 깨닫게 된다. 또한 대안적으로 현재 증상이 가지고 있는 적응적인 가치를 인정하고 치료목표를 변경함으로써 '증상'이 문제가 아닌 선택이 되도록 하기도 한다. 이처럼 일관성치료는 증상을 만들어 내는 무의식적인 근간에 숨어 있는 구성개념을 의식화함으로써 치료를 하는데, 이것은 후성적 체계 중 개인-독자적 수준의 전제들을 매우 깊이 있게 구현해 내는 것이라 하겠다.

　성공적인 일관성치료의 네 가지 주요 특징은 다음과 같다 (Ecker & Hulley, 2000). 첫째, 치료자는 증상과 관련하여 내담자가 겪고 있는 가장 실제적인 고통을 파악하고 공감적으로 타당화해 주어야 한다. 문제가 분명한 목적을 가지고 있다는 가정 자체만으로는 내담자와 그들의 중요한 타인에게 야기하는 고통을 완화시키지 못하기 때문이다. 둘째, 치료자가 제기하는 여러 형태의 **근본적인 질문들**(radical questioning)은 내담자가 어떤 행동을 하는 무의식적인 이유를 **경험적으로** 발견하도록 유도할 수 있어야 한다. 이것은 전지전능한 치료자에 의해 지적인 '통찰'을 수동적으로 제공받는 것의 문제가 아니다. 셋째, 정서적 실제의 특별한 주제와 목적들을 내담자의 의식 속으로 완전하게 통합하는 것이 필수적이다. 다음에 소개될 사례에서와 같이 때때로 회기 마지막 부분에서 자각(self-awareness) 작업을 통해 그런 것들을 강조한다. 마지막으로, 현재 나타나는 종합적인 증상들의 기저에 있는 목적과 주요 주제들에 좀 더 적합하도록 이전의 의미 부여하기를 변화시키는 것이다. 치료에 대한 이런 접근 방식은 첫 회기부터 핵심적인 문제를 심층적으로 파고들기 때문에 대부분 변화가 빠르게 나타난다. 치료 효과가 느리게 나타나는 경우는 내담자가 저항했기 때문이라기보다는 오히려 치료자가 겁을 내었기 때문인 경우가 많다.

앞서 설명한 방법들은 회사에서 중역을 맡고 있는 40세의 Nora와 함께한 치료에서 잘 드러난다. 결혼 8년차인 그녀는 남편 Brian과의 관계에서 '아주 사소한 것에도 분노를 일으키는 문제'로 인해 정신건강의학과 전문의에게 '인지치료'를 받던 중 나에게 의뢰되었다. 그녀는 처음에 자신이 직업 장면에서는 매우 기능을 잘하고 있지만, 남편에게는 매우 쉽게 분노하게 된다는 것을 선뜻 인정했다. 그들에게는 자녀가 있었는데 Nora는 더 이상 자녀에게 자신이 분노를 폭발하는 것을 보여 주고 싶어 하지 않았다. 게다가 Nora는 자신의 이런 분노에 어떠한 정당한 이유(예: 배우자의 잘못된 행동 또는 학대, 바람을 피웠다는 의심, 약물 사용 또는 감정의 폭발을 억제하지 못할 만큼의 심각한 음주)도 없다는 것을 알고 있었기 때문에 그녀 스스로도 자신의 행동에 당혹감을 느꼈다. 그녀에 따르면, 유능한 인지행동치료자와 함께 2년 동안 노력을 했으나 단기적인 안도감밖에 얻지 못했고, 그 뒤에 이어진 커플치료의 효과도 단기적이었다. 그럼에도 그녀는 나와 함께 다양한 자기통제 전략을 사용하며 작업하고 싶어 했다. 나는 이성적인 논박, 부부계약 그리고 비슷한 절차들을 통해 중상을 억제하거나 없애려는 것과 같은 접근방법들이 실패할 것에 대해 염려했다. 그래서 이런 방법들을 사용하는 대신 Nora가 최근에 경험한 갈등을 듣는 것으로 치료를 시작했다. 그녀는 지난 몇 주 동안 있었던 사건들에 대해 이야기하였다. 그중 한 일화는 Brian이 '쓸데없이' 정원사를 고용한 것에 대해 자신이 '공격적인' 모습을 보인 것이었다. 그들의 수입이 많았음에도 불구하고 쓸데없이 정원사를 고용했다는 이유로 Brian에게 '멍청이'라고 하며 '화를 내었고', 싱크대에 물을 틀어 놓았다는 이유로 그리고 다른 사소한 잘못들에 대해 여러 가지 욕설을 하였다. Brian도 그녀의 공격에 대응했지만 '이기는' 경우는 거의 없었고, 보통은 그녀에게 받은 '상처를 치료하기' 위해 슬쩍 자리를 떠나는 경우가 대부분이었다.

자신이 보이는 행동들로 인해 Nora는 진심으로 곤혹스러워하고 고통을 느꼈다. 그리고 의식적인 증상에서는 "끊임없이 남편을 비난하기보다는 존중하는 법을 배우고 싶어요."라고 말하고 있었다. 그래서 나는 **증상박탈** 기법을 그녀의 행동 변화를 위한 '인지적 연습(cognitive rehearsal)'의 형태로 사용하기보다는 그녀의 저항에 직면시키기 위한 방법으로 남편과 함께 있는 목가적이고 평화로운 상황을 상상해 보도록 했다. 나는 그녀에게 눈을 감고, 남편과 함께 책을 읽거나 이야기를 하거나 평화로이 단순한 집안일을 하고 있는 모습을 상상해 보라고 했다. 나는 Nora에게 "이런 상황이 좋아. 나는 기분이 좋아."라고 말해 보라고 했다. 그녀는 몇 초 만에 인상을 찌푸리며 조용히 말했다. "제 머리

는 즉시 남편에 대해 비난할 것을 찾아야 한다고…… 그런 강박
이 커져 가요……. 만약 우리가 싸우지 않는다면 할 이야기가 없
어요." 숨겨져 있던 무의식적인 이유가 처음으로 드러나는 순간
이었다. 나는 노트 위에 다음과 같이 적었다. "진실은 이것이다.
나는 긴장감을 완화시키기 위해 남편을 비난할 것을 찾았다. 만
약 그렇지 못하면 우리는 서로 아무것도 이야기할 게 없을 것이
다. 우리의 규칙은 언쟁을 요구한다." 이렇게 무의식적인 이유가
명백하게 드러난 진술문을 그녀에게 건네면서 큰 목소리로 천천히
읽어 줄 것을 부탁했다. 그리고 스스로에게 감정적으로 진실해
질 수 있도록 필요한 만큼 편집해서 읽어도 괜찮다고 하였다. 그
녀는 깊은 생각에 잠긴 후 천천히 고개를 끄덕이더니 위를 올려
다보며 "그래요, 맞는 것 같아요."라고 말했다. 그 후 Nora는 아버
지의 '격분'하는 모습을 떠올렸고, 이것을 자신이 존경하고 모방
했던 아버지 삶의 '슬픈 유산'이라고 표현했다. 그녀는 "내 평생
은 이런 모습을 멈추고 다른 방식으로 관계를 맺기 위한 하나의
긴 전쟁이었어요."라고 말했다. 그래서 나는 두 번째 짧은 편지
를 썼고, 그녀는 그것을 큰 소리로 읽었다. "그렇지만 결국 나는
관계가 단절되는 것보다는 슬프고 화를 내는 방식으로라도 관계
를 맺는 것이 낫다." 다시 그녀는 진지하게 "맞아요."라고 반응했
다. 이런 진술문들로부터 더 깊은 정서적 실제를 파악하기 위해
나는 그녀에게 눈을 감고 '만약 내가 남편과 싸우지 않고 비난하
지 않는다면 나는＿＿＿＿.'이라는 문장을 완성해 보라고 했다. 그
녀의 대답에 우리 둘 다 놀랐다. 그녀는 당황한 듯 "두려워요."라

고 말했다. 내가 "무엇이⋯⋯?"라고 다시 물어보았지만 그녀는 아무런 대답도 없었다.

비언어적인 접근을 시도하면서, 나는 Nora에게 가장 크게 두려움이 느껴지는 장소를 찾기 위해 신체 감각에 주의를 기울여 보라고 했다. 잠시 후, 그녀는 이마를 가리키며 "처음에는 그것이 내 머릿속에 있었어요. 마치 이 앞쪽에 그리고 내 얼굴의 왼쪽에⋯⋯ 그리고 여기에도 있었어요."[복부 위치에서 손을 괄호 모양으로 만들면서] 나는 잠시 기다렸다가 조용히 물어보았다. "복부에서 느껴지는 그 느낌이 색깔이나 형태를 가지고 있나요?" 그녀는 **어둡고 딱딱한** 형태라고 답했다. 좀 더 말해 달라고 했을 때, Nora는 그것을 **초승달 모양**이라고 묘사했다. "경계, 한계의 일종⋯⋯ 그것을 넘어 확장하려고 하는 것들을 멈추도록 하는 어떤 것." 잠시 멈춘 후, 나는 그녀에게 경계가 살짝 열리는 것을 상상해 보고는 어떤 감정적 변화가 있는지 주목하게 했다. 그녀는 곧 경계가 무너져 내리는 이미지를 떠올렸고, 동시에 회의감, 슬픔을 느끼면서 눈물을 쏟았다. 그녀는 더듬으면서 "나는 그것을 무엇으로 바꾸어야 할지 모르겠어요."라고 말했다. 그리고 이어서 Nora는 남편과의 관계가 끝났다는 그녀의 '돌이킬 수 없는 손상에 대한 걱정'을 떠올렸다. 이후 다시 점차 조용해졌고, 머뭇거리며 "비극적인 아버지의 분노와 관련된 그 무엇이 남편과의 관계에서 발생하는 문제에 포함되어 있어요. 그것이 저를 매우 슬프게 만들어요."라고 덧붙였다. 나는 그녀에게 새롭게 나타난 무의식적인 이유에 대해 해석한 글을 적어 주었는데, 그것은 다음과 같다.

어떤 수준에서 나의 분노는 다음과 같은 것들로부터 나를 보호해 준다. ① 변화가 가져올 불확실함, ② 나에게 친숙한 격분을 대신할 사람의 필요성, ③ 나 스스로가 어떻게 결혼 생활에 상처를 내 왔는지에 대한 죄책감, ④ 그리고 내 가족의 비극적인 부분에 대한 슬픔과 비통함. 나의 분노가 문제를 일으키고 나를 당혹스럽게 하는 만큼, 사실은 그것이 제공하는 보호막이 나는 절실히 필요하다.

이 글을 읽으면서 그녀는 슬프게 고개를 끄덕이며 자신이 어떤 부분에서 아버지와 닮았는지에 관해 간략하게 설명해 주었다. 나는 그녀에게 다음 회기 때 이야기할 수 있도록 일상에서 문제가 되는 무의식적인 이유들을 적어 와 달라고 부탁하면서 첫 회기를 마쳤다. 그리고 집에 가서 배우자와 함께 시간을 보내기 전에 내가 적어 준 문장들을 적어도 하루에 한 번은 반드시 읽어 줄 것을 부탁했다. 눈에 보이는 자동적인 행동 패턴들을 변화시키기 위한 시도는 전혀 없었다. 대신에 목표는 습관적으로 행동하는 것보다는 배우자를 향한 그녀의 분노가 수행하는 중요한 목적의 일부를 단순히 의식적으로 알아차리도록 하는 것이었다. 나의 제안에 동의하면서 그녀는 이 첫 회기가 놀라울 만큼 '강력하고, 신선하고, 깊이가 있었다.'는 반응을 보였다. 우리는 일주일 후에 두 번째 회기를 진행하기로 했다.

그다음 주에 Nora는 "일주일 동안 너무나 많은 부분이 서로 연결되었어요. 정말 명쾌한 순간들이었어요."라고 말하며 회기를 시작했다. 내가 부탁했던 대로, 그녀는 매일 무의식적인 이유들이 적힌 노트를 읽었고, 심지어 그 과제를 잘 수행하기 위해 노트를 화장대에도 붙여 놓았다. 과제를 수행하면서 새롭게 이야기할 부분도 생겼는데, 그것은 남편이 때때로 그녀의 아버지가 보였던 '훌륭하고' 세련된 행동보다는 소란스럽고 천박한 행동을 보인 것에 관한 것이었다. 그녀는 분노하면서 방어적인 반응을 보이던 이전과는 달리 자신이 그런 반응을 보이게 된 무의식적인 이유들을 의식하면서 그 속에 있는 두려움을 느껴 보려고 했다. 우리가 회기에서 이 두려움을 탐구하는 동안 남편이 마치 자신의 아버지처럼 똑똑하지 못한 '수다쟁이'일 뿐이라는 걱정에 대해 이야기했다. 그러나 우리는 그 염려가 단순히 '표면적인 것일 수도 있다'는 점에 주목했다. 그다음으로 나타난 것은 좀 더 그녀 자신과 관련된 것이었다. 즉, 그 두려움은 만약 남편이 '특별한 것이 없다'면 자신도 특별하지 않다는 것이었다. 뒤이어 몇 가지 무의식적인 이유가 추가적으로 보고되었고, 결국 그녀는 눈물을 흘리며 자신이 비참하고 낮은 자존감을 가진 것에 대해 인정하였다. 그녀는 자신의 약점과 결점에 직면했을 때 스스로에게 "나는 네가 싫어!" "꺼져!"와 같이 악의적으로 소리를 치는 모습을 보였다. Nora는 "제 정체성의 대부분은 직장에서의 성공으로 싸여 있어요. 저는 실수를 했을 때, 미숙하게 대처할 때, '지위'를 원할 때 자기증오를 경험해요. 제게는 이런 사소한 기억들이 너무 많아요."라고 밝혔다. 그녀는 남편이 '우월'해지도록 끊

임없이 밀어붙이는 것만으로도 그녀 자신도 그렇게 우월해진다
는 환상을 유지할 수 있었다. 그녀에게 새롭게 등장한 무의식적
인 이유들을 개념화하고 그에 대한 두 가지 명백한 진술문을 더
읽어 달라고 요청하면서 회기를 마무리했다.

나 자신에게 정직해졌을 때, 나는 남편을 향한 분노가 나 자신을
향한 분노를 가리기 위한 것임을 알았다. 사실 나는 어느 정도 나 자
신의 미성숙함 그리고 높은 지위를 원하는 것 때문에 스스로를 싫어
하고 자기경멸이 가득하다.

나는 스스로를 '평범'해지도록 내버려 둘 수 없다. 그리고 내 남편
이 '평범'해지도록 놔두는 것 역시 할 수 없다. 만약 남편이 평범해진
다면 그것은 나 역시 평범해진다는 것을 의미하기 때문에 두렵다.
그리고 그것이 우리 가족에게 좋지 않을까 봐 두렵다.

이와 비슷한 무의식적인 이유들이 의식 속으로 통합되었을
때, 그녀는 자신에 대한 그 증상들의 지배력이 계속해서 약해지
는 것을 발견했다. 그리고 자신과 남편이 관계를 단절시키지 않
고 훨씬 덜 험악하게 대화할 수 있는 능력이 있다는 새로운 인식
도 갖게 되었다. 아울러 직업 장면에서 그녀는 자신이 세부적인
것까지 통제하는 것에서 벗어나 직원들이 스스로 프로젝트를 이
끌어 가도록 허락해 주는 것, 즉 직원들과 함께하는 '한 단계 낮
은(one down)' 위치에 있는 것이 훨씬 편하다는 것을 발견했다.
또한 그녀는 계속해서 자기비난과 싸웠는데, 그러한 비난을 수

류탄을 투척하듯 다른 사람을 향해 던지기보다는 자기비난의 생각을 말로 표현하거나 자신의 마음속에 그저 '가지고' 있을 수 있었다. 그리고 역설적이기는 하지만 그녀가 환경에 적응할 수 있도록 도움을 주었던 낮은 자존감에 내재되어 있는 원가족의 패턴에 대한 주제로 치료의 방향이 빠르게 이동하고 있었다. 우리의 작업은 초기 회기에서 그녀가 처음으로 언급했던 무의식적인 이유들에 있던 '분노'를 제거해 준 것과 같은 치료방법을 계속해서 사용하고 있었다. 흥미롭게도, Ecker와 Toomey(2008)는 오랫동안 확립되어 온 변연계 연결들이 단순히 경쟁적인 연합들을 통해 사라지지 않는다는 전통적인 학습 이론과는 다른 관점을 취했다. 그들은 그런 연합들이 '소거될(unlearned)' 수도 있다는 인지신경과학의 새로운 발견과 무의식적인 증상을 체험적으로 활성화/비활성화시키기 위한 방법론을 통합하기 시작했다. 만약 이러한 개념적인 연결 고리들이 후속 연구에서 검증된다면, 일관성치료의 개인-독자적 수준을 생명-유전적 메커니즘의 피질하 수준에서의 변화와 연결 지어 설명할 수 있을 것이며, 심리치료의 심층적인 발전을 위한 흥미로운 지평이 열릴 것이다.

26

자기이야기의 구심점을 재구성하기

이야기치료에서는 개인이 선택할 수 있는 여러 가능성에 대한 인식을 제한하는 편협한 사회적 제약과 가정들을 드러내고자 한다. 이런 사회적 제약과 가정들은 후성적 모델의 문화-언어적, 양자-관계적 그리고 개인-독자적 수준에 이르기까지 다양한 영역에서 발견된다(Winslade & Monk, 2001). 이는 문제적 정체성(problematic identities)이 필연적으로 사회적 맥락 속에서 구성되고, 반복적인 대인 간 상호작용 속에서 유지되기 때문이다. 치료자가 내담자와 함께 내담자의 삶에 만연해 있는 문제들의 영향력을 좀 더 명확하게 할 때, 바로 그런 패턴들 또는 지배적인 이야기들(dominant narratives)이 치료의 초기 목표가 된다. 이후 치료자는 호기심을 자극하는 질문들(curious questions)을 사용하여 내담자가 문제의 영향력을 인식하도록 하고, 문제의 주요 원인이라고 생각하는 것을 '탈구성(deconstruct)'하도록 돕는다. 치료자는 내담자가 자신의 삶과 관계에 대해 선호하는 방향으로 이야기를 만들어 간다는 것을 인식하면서, 그 이야기의 경험적 근거를 찾아 기록하고 나타내 준다. 이러한 방법은 내담자가 또 하나의 가능성이 있는 이야기, 즉 대안적인 자기이야기(alternative self-narrative)를 만들고 공고히 하도록 돕는다(White & Epston, 1990).

이야기치료자들은 여성주의 치료자들(feminist therapists)처럼 문제적 정체성 또는 관계적 실제(relational practices)를 강화하는 문화적 담론의 역할에 특히 민감하다. 예컨대, 젊은 여성들에게 거식증을 유발하는 이상적인 외모라든지 이혼 조정 장면에서 갈등을 빚는 부모로서의 자격과 관련된 논쟁 등은 그러한 담론의 일부이다. 치료자는 내담자들에게 먼저 이와 같은 담론에 내재되어 있는 패턴을 외현화함으로써 그들이 문제가 아니라 그런 문제들이 문제라는 것과 그들이 문제의 영향력에 적극적으로 저항할 수 있다는 것을 알려 준다.

20대 초반의 남성인 David의 사례를 통해 이야기치료의 전형적인 치료 절차를 살펴보자. 그는 유능한 학생이었지만 우울증으로 고생하다 학교를 중퇴했고, 가족과 떨어져 살기 시작했으며, 직장에는 지속적으로 병가를 제출했다. 그가 스스로 방에 처박혀 있고 자살에 대한 암묵적인 징후들을 보이기 시작하자, 그의 부모는 David에게 치료를 받도록 했다.

그는 첫 회기에 그의 아버지와 함께 내원하였다. David를 본 순간 고통 속에 있는 젊은 남자라는 생각이 들었다. 그의 아버지는 아들의 고통에 대한 걱정을 나타냈지만 David는 아버지의 걱정을 받아들이지 않았다. David의 문제를 좀 더 자세히 탐색하기 위해 그의 아버지에게 치료실에 있는 동안 어떠한 개입도 하지 말고 조용히 있어 줄 것을 부탁했다. 그가 이를 선뜻 용인해 주었기 때문에 나는 David에게 집중할 수 있었다.

David가 문제와 싸운 것을 간략하게 이야기할 때 "당신의 삶을 둘러싸고 미래를 가로막고 있는 이 문제를 무엇이라고 부르겠습니까?" 하고 물어보았다. 그의 즉각적인 대답은 '검은 안개' 였다. 이는 임상적 용어인 '우울증'보다 더 많은 것을 함축하고 있었으며, 지난 몇 년간 그의 삶을 앗아 간 것처럼 보이는 어떤 것을 처음으로 문제에 가깝게 묘사한 것이었다. 활발히 대화를 이어 가면서 나는 문제의 배경에 대해 좀 더 말해 달라고 부탁하였고, 때때로 다음과 같은 질문들을 통해 답변을 촉진했다. "언제 처음으로 그 검은 안개가 당신의 삶 속에 스며들어 왔나요?" "검은 안개가 스며들기 전 당신 삶의 풍경은 어땠나요?" "그 검은 안개가 당신으로 하여금 세상을 어둡게 지각하도록 만든다는 것을 언제 처음으로 알아차렸나요?" 그는 안개가 고등학교 때 처음 생겼다고 했다.

아버지와 코치는 훌륭한 운동선수로서 그가 가지고 있는 능력을 믿고 있었지만, 전도유망한 운동선수로서의 그의 미래는 어두워지기 시작했다. 나는 다음과 같은 **상대적인 영향력 질문** (relative influence questioning)을 통해 검은 안개가 그의 삶에 미치는 '실제적인 영향'을 점차 구체화하기 시작했다. "안개가 당신 자신 및 당신의 능력을 바라보는 관점에 어떤 영향을 끼쳤다고 생각합니까?" "그 안개는 당신의 교육적 · 직업적 미래에 대해 어떤 계획을 가지고 있습니까?" "그 안개가 당신의 가족 관계에 어느 정도 침투해 있습니까?" "가족 중에 누가 가장 많이 당신과 함께 안개 속에서 길을 잃은 것 같습니까?" David는 점점 더 활기를 띠기 시작하면서, 자신에게 인지적 왜곡, 행동적 결손 그리고 생화학적 불균형과 같은 문제들이 있다고 가정한 채 대화를 나누었던 이전의 전문가들과의 대화와 지금 내가 하는 질문들이 어떤 점에서 '다른지'에 대해 이야기했다.

문제를 바라보는 관점이 변하면서 그는 문제가 자신에 대한 부정적인 지각에 미친 영향, 그리고 그 문제가 가족들끼리 서로를 점점 더 '등한시'하도록 만들었다는 것을 깨닫기 시작했다. 이와 같은 효과 덕분에, **그 자신 스스로가 문제에 미치고 있는 영향**에 대해서도 생각해 볼 기회가 무르익고 있었다. David가 문제를 기술할 때 사용하는 메타포와 운동선수 출신이라는 점을 고려하여 다음과 같은 질문들을 하였다. "그 안개를 뚫고 나오기 위해 어떤 행동을 취했습니까?" "심지어 당신이 약체라고 느껴질 때에도 안개에 대항해서 점수를 획득할 수 있었던 적이 있습니까?" "스스로 약체라고 느껴질 때에도 경기를 계속하고 있던 당신 팀의 다른 선수가 있었습니까?" "당신이 다시 복귀할 수 있다고 가장 확신하는 사람은 누구인 것 같습니까?" David는 점차 몇 개의 **독특한 결과들**(unique outcomes)을 확인하기 시작했고 (White & Epston, 1990), 우울증의 지배적인 이야기가 미치는 영향에 저항할 수 있었다. David는 가치 있는 팀 동료와 관련된 질문을 들은 후 아버지에게 다가갔고, 우리 모두는 눈물을 흘렸다.

다음 회기에 자신이 직접 쓴 『안개 속에서 길을 잃다: 우울증의 초상화』라는 소책자를 가지고 왔다. 그가 직장으로 돌아가고 가족과 대화하기 시작하는 것과 같은 추가적인 가족치료 회기와 일상 모두에서 눈에 보이는 효과가 나타나기 시작했다. 우리는 회복력이 있고 자원이 풍부한 사람, 옅어진 우울의 안개 속에서 좀 더 만족스러운 미래를 볼 수 있는 능력이 향상된 David라는 주제로 선호하는 이야기(preferred story)를 써 나가기 시작했다. Parker Palmer(2000)의 『삶이 내게 말을 걸어 올 때: 소명의 목소리에 귀 기울이기(Let Your Life Speak: Listening to the Voice of Vocation)』라는 책은 David로 하여금 진로에 대한 망설임과 교착상태에 있었던 지난 시간들을 다른 측면에서 그리고 좀 더 긍정적으로 이해할 수 있게 해 주었는데, 그는 이런 부분을 자신과 관련지어 이해하고 확장시켰다. 6회기의 치료 후에 David는 앞으로 자신이 우울증을 극복할 수 있다는 자신감을 표현했다.

몇 달 후의 추수 회기에서도 그는 계속해서 긍정적인 발걸음을 내딛고 있었다. 이야기치료를 시행하기 위한 구체적인 절차들이 갈등 조정(Winslade & Monk, 2001)에서부터 말더듬(DiLollo, Neimeyer, & Manning, 2002)에 이르기까지, 그리고 아동(Freeman, Epston, & Lobovits, 1997)과 어른(Monk, Winslade, Crocket, & Epston, 1996)에 이르기까지 다양한 종류의 문제와 대상을 위해 구성되었다. 최근의 정성적 연구들은 치료적 대화 속에서 내담자의 자기이야기의 구심점이 변화의 방향으로 이동하는 혁신적인 순간들(innovative moments)을 범주화해서 확인하기 시작했다.

과정 및 성과 연구(process-outcome research)에 따르면 이와 같
은 범주들을 사용하면 이야기치료의 윤곽을 그릴 수 있고 다양
한 내담자에게 유익한 대화 연습을 제안할 수 있다(Gonçalves,
Matos, & Santos, 출판 중).

27

종결을 기념하기

마지막으로, 종결에 대한 논의 없이는 치료 절차에 관한 어떤 논의도 온전할 수 없다. 이야기치료와 같은 포스트모던 관점에서 볼 때, 종결은 선호하는 정체성에 대한 통과의례(Epston & White, 1995) 또는 졸업의 과정으로 상호작용적으로 결정되며, 변화는 그 자체로 치료적이다. 다음과 같은 다양한 질문을 통해 치료과정에서 얻은 이득을 공고히 할 수 있다.

• 만약 당신이 정복해 온 문제를 극복하는 방법에 대한 매뉴얼을 쓴다면 어떤 생각들이 포함될 것 같습니까? 이러한 노하우를 확인하고 사용할 수 있게 해 주는 개인적이고 관계적인 자질은 무엇입니까? 어떻게 하면 이 깨달음이 당신의 삶에서 지속되게 할 수 있습니까?
• 만약 누군가가 당신의 삶을 지배했던 문제와 같은 어려움으로 저에게 상담을 요청한다면, 그것의 영향을 극복할 수 있

도록 당신은 어떤 조언을 해 주시겠습니까? 이 전투의 베테
랑으로서 당신은 제가 그런 어려움을 겪고 있는 사람과 함
께 나눌 수 있는 격려의 편지를 써 주시겠습니까?

- 당신의 과거는 지금 경험하고 있는 문제를 해결할 수 있는
  당신의 능력이 무엇이라고 우리에게 귀띔해 주시겠습니까?
- 이런 경험은 당신이 어떤 사람인지 그리고 미래에 어떤 이
  야기의 인생을 살고 싶은지에 대해 가르쳐 주었습니까?
- 자신에 대해 지금 갖고 있는 지식이 당신의 다음 발전에 어
  떤 영향을 미칠 것 같습니까? 지금으로부터 몇 년 후의 당신
  이 오늘 여기에 앉아 있다면 현재의 당신에게 앞으로 삶에
  서 어떤 것이 가능하다고 말하겠습니까?
- 이제 당신은 다른 종류의 삶으로 진입하는 시점에 이르렀는
  데, 그것에 대해 누가 알아야 할까요? 그런 소식이 당신을
  향한 그들의 태도를 달라지게 만들까요?

이와 같은 질문들은 치료자가 제시하는 다양하고 창의적인 문
구들(예: 문제로부터 '독립을 선포하기', 중요한 통찰력을 인정하는 '특
별한 지식에 대한 인증서' 또는 치료의 종결을 알리는 졸업증서)에 의
해 더 풍부해질 수 있다. 마지막 회기는 의식 또는 기념행사로
도 계획될 수 있으며, 내담자의 성취를 기념하기 위한 자리에 그
들 삶의 중요한 지지적인 인물들을 초대할 수도 있다(White &
Epston, 1990). 이러한 점에서 구성주의치료는 종결을 치료자와
의 특별한 관계가 끊어지는 것으로 보거나 치료자가 가르친 기

술들을 일반화하는 것과 같은 두려운 전환으로 생각하는 전통적
인 관점과는 다르다. 오히려 구성주의치료에서는 치료의 완결
자체도 내담자가 앞으로 더 만족스러운 삶의 이야기를 추구할
수 있도록 힘을 부여한다고 본다.

28

향정신성 약물이 해결책인지 혹은
또 다른 문제인지 평가하기

　구성주의 심리치료자들은 우울증에서 사회불안에 이르기까지
의 다양한 정신장애에 대해 '빠른 효과를 보는 치료'라고 광고되
고 있는 향정신성 약물에 대한 의존성이 높아지는 것에 대해 인
지치료자들보다 더 큰 의구심을 갖는 편이다. 많은 구성주의치
료자는 약물치료와 심리치료를 대등한 치료방법으로 보지 않는
데, 이는 약물치료가 내담자로 하여금 삶에서 심층 수준의 변화
를 경험하는 것에 대한 동기를 제거할지도 모른다는 생각 때문
인 것 같다. 또한 약물치료가 내담자의 존재적 · 개인적 또는 관
계적 어려움이 생물학적인 원인에서 기인한 것이라고 강조할 위
험성이 있다고 본다. 어떤 경우에는 내담자가 호소하는 문제들
이 적절한 약물치료에 의해 상당히 완화될 수 있음에도 불구하
고, 앞선 생각들로 인해 심리적 고통을 의학적 모델로 설명하려
는 것에 대한 일반적인 적대감이 형성되어 있는 듯하다.
　이 모든 우려에 공감하지만, 약물치료에 대한 나의 질문은 좀

더 실용적인 것과 관련이 있다. 나는 약물이 모든 경우에 그렇지는 않지만 종종 유용하다고 생각한다. 내가 상담하고 있는 내담자의 15~20%는 약물치료를 받고 있으며(정신건강의학과 전문의에 의해 나에게 의뢰된), 그들 중 대부분은 약물치료가 효과적이라고 말한다. 내 관점에서는 약물치료가 구성주의 심리치료와 양립하지 못할 이유가 없다. 다만 자기이해, 성찰, 자기변화, 억압적인 환경에 저항하는 것 그리고 좀 더 정신사회적인 수준의 문제 해결 등에 대한 쉬운 대체제로서 약물치료를 생각한다면 이것은 잘못된 것이다. 약물이 때로는 내담자가 전과 다르게 삶에 참여할 수 있게 해 주는 수단이 되기도 한다. 그러나 약물 자체가 내담자가 '갇혀' 있는 복잡한 삶의 방식들을 해결해 주는 경우는 드물다. 사람들은 계속해서 불만족스러운 관계를 지속하고 있으며, 여전히 이상적 자아에 도달하지 못하고 있고, 검증되지 않은 가정들에서 비롯된 제약들이 만들어 낸 보이지 않는 경계 속에서 살아가고 있다. 이런 문제들이 약물치료로 해결되지는 않지만, 약물치료가 그런 문제들을 다루는 데 도움이 될 수는 있다. 물론 약물치료를 할 때 일부 의존성이 높은 항불안제 약물을 사용하거나 내담자가 직접 해결해야 하는 문제들을 회피하도록 조장하는 것과 같은 위험성도 있다. 그러나 이러한 설명이 모든 향정신성 약물에 해당하는 것은 아니다.

후성적 모델을 고려할 때 인간의 문제를 심리사회적인 측면뿐만 아니라 생물학적인 관점에서도 분석하는 것은 유익하다. 그러나 구성주의자들은 내담자들이 신경전달물질의 결핍 때문에 문제 행동을 한다고 가정하는 경우는 드물다. 또한 내담자들은 자신의 삶을 표현함에 있어서나 삶을 살아가는 방식에 있어서, 그리고 자신과 타인의 관계에서 문제가 구성되는 방식에 있어서나 사회적 삶 자체가 만들어 내는 문제들에 있어서 약물치료가 유일한 출구가 아니라는 난관에 봉착한다. 좀 더 쉽게 이야기하면, 생물학적인 부분의 치료를 통해 해결될 수 있는 문제도 있지만 그럴 수 없는 다양한 영역의 문제에 인간은 직면한다.

궁극적으로, 구성주의자들은 내담자가 경험하는 문제를 생물학적 원인이나 사회적 원인으로 개념화하지 않는다. 또한 그 문제를 개인이나 가족 혹은 법적·문화적 기원으로 개념화하지도 않는다. 대신에 Kelly(1955/1991)가 그랬듯 생물학, 심리학, 가족학, 사회학, 법학 등의 모든 분야는 인간이라는 훨씬 더 전체적인 과정을 설명하기에 불완전하고 부분적인 체계라고 본다. 이와 같이 어떤 문제가 특정 분야에서 더 잘 설명되도록 정해진 것은 없으며, 상황에 따라 내담자의 어려움을 보다 잘 설명할 수 있는 관점에서 문제를 이해하는 것이 유용하다.

사회구성주의 정신에 의해 고무된 치료자들은 심리치료에서 약물을 사용하는 것이 유용한지에 관하여 실용주의와 회의주의가 적절히 조화를 이룬 관점을 취한다. 예컨대, Seikkula와 동료들은 정신병 증상이 악화되고 있는 환자를 치료하면서 '열린 대화(open dialogue)'를 사용하였다. 그들은 환자가 경험하는 고통스러운 증상의 의미에 대해 깊이 있는 논의를 하기 위하여 환자의 집에서 가족 구성원들 간의 열린 대화에 같이 참여하면서 집중적인 치료를 시행하였고, 이는 환자가 치료에만 전념할 수 있도록 해 주었다(Seikkula, Alakare, & Aaltonen, 2001a). 이들은 정신병적 반응들을 단순히 약물로 통제되어야 하는 것으로 생각하기보다는 이해가 필요한 외상 사건이나 삶의 어려움을 파악하기 위한 통로로 바라보았다. 한편, 정신병적 증상을 보이는 환자들의 치료 사례에서 대략 25% 정도는 내담자가 논리적인 생각과 주장을 가지고 대화에 참여하도록 하기 위해 신경성 약물치료가 필요한 것으로 나타났다. 그러나 대부분의 연구 결과에서는 약물치료의 효과가 그리 좋지 못한 것으로 나타났다. 실제로, 치료 효과가 좋았던 사례들에서도 향정신성 약물을 처방받은 환자들이 그렇지 않은 환자들보다 더 나은 치료 효과를 보인 경우는 20% 미만에 불과했으며, 61% 정도의 사례에서는 비약물치료 환자들보다 치료 효과가 좋지 못하였다. 이와 달리 치료 효과가 좋지 못한 사례들에서는 50% 이상이 약물치료를 받아 온 환자들이었다(Seikkula, Alakare, & Aaltonen, 2001b). 물론 비무선화된 연구들로부터 인과관계를 추론할 수는 없지만, 이와 같은 결과들은 보조적인 약물치료가 치료 효과를 보장한다고 전제하면 안 된다는 것을 말해 준다. 또한 포스트모던 및 사회구성주의 치료자들이 구성주의치료와 함께 약물치료를 고려할 의향이 있음을 말해 준다.

29

더 넓은 세계 속에서
구성주의치료를 이해하기

   구성주의를 위시한 모든 심리치료적 접근은 필연적으로 특수한 역사적·문화적 그리고 학문적 맥락 속에 위치하게 된다. 이런 환경적 맥락들은 심리치료에게는 도전인 동시에 기회이다. 이 장에서는 현대 구성주의가 직면한 몇 가지 쟁점에 중점을 둘 것이며, 그런 쟁점들에서 인지행동치료들과 구별되는 현대 구성주의의 특징들을 강조할 것이다. 여기에는 구성주의치료의 다양성, 포스트모던의 윤리적인 특색 그리고 이러한 관점에 기반을 둔 연구들이 포함된다.

   전 세계적으로 구성주의치료를 이해하고자 할 때 그것이 지니고 있는 국제성(internationality)을 살펴볼 수 있다. 구성주의치료를 적극적으로 연구하고 포스트모던적 개념에 고무된 치료 집단들은 미국, 캐나다에서부터 영국과 호주, 뉴질랜드에 이르기까지 말 그대로 전 세계에 걸쳐 있다. 독일, 이탈리아, 노르웨이, 스웨덴, 핀란드, 포르투갈, 브라질, 세르비아 그리고 네덜란

드와 같은 국가들에서도 이와 관련하여 혁혁한 발전이 있기 때
문에 이론적 집단이 영어권 국가들에만 한정되는 것은 아니다.
히스패닉 지역에서는 스페인, 아르헨티나, 칠레, 멕시코에 수많
은 훈련센터가 세워지면서 부분적으로 구성주의치료가 실행되
고 있다. 심지어 아시아 국가들, 특히 중국과 일본에서는 대학에
기반을 둔 주요 훈련센터들이 실용적인 구성주의 모델에 매료
되었다. 이것은 다른 문화 및 철학 체계를 존중할 줄 아는 그들
의 기본적인 성향 때문인 것 같다. 이러한 이유로 인해 여러 전
통이 조화를 이룬 풍부한 열매들이 생겨나는데, 그 전통들 중 대
부분은 뉴질랜드의 마오리족과 같이 토착 문화로부터 영감을 얻
은 것이다. 마오리족의 존경할 만한 협상 및 갈등 해결의 공동
체적인 관행은 치료와 명상에 대한 많은 이야기치료 접근에서
도 나타난다(White & Epston, 1990; Winslade & Monk, 2001). 사람
들에게 영감을 불어넣고 그것을 실제로 적용하게 하는 유사하
면서도 다양한 방법이 북미 내에서도 두드러진다. 예컨대, 북미
에서는 구성주의자들과 사회구성주의 치료자들이 도시 빈민가
의 청소년들과 같이 열악한 조건에 처해 있는 공동체들로 하여
금 자신들의 목소리와 정체감 그리고 자주성을 스스로 노력하여
개발할 수 있도록 계속해서 지원해 왔다(Holzman & Morss, 2000;
Saleebey, 1998).

적어도 세 가지 측면에서 포스트모던 치료는 전통적인 관점에
서 제기되는 것들과는 비슷하면서도 상당히 다른 윤리적 질문들
을 제기한다. 첫째, 정신병리를 진단하는 것에 대해 정해진 외부

적인 기준을 중요하게 보지 않는 반면, 내담자의 내적인 의미 세계에 매우 큰 중점을 둔다는 것이다. 이는 포스트모던 치료자가 비자발적인 내담자를 치료할 때 그리고 자신들의 행동과 느낌을 문제로 경험하지 않는 내담자를 치료할 때 윤리적 쟁점(ethical issue)에 직면할 수 있다. 이런 점에서 신경성 식욕부진증(거식증)과 같은 섭식장애 환자의 치료는 어려울 수 있다. 그들은 끊임없이 마른 몸을 추구해야 하는 것으로 환경을 인식하고 있어서 자신들의 거식증을 '장애(disorder)'로 인식하여 불편감을 경험하기보다는 오히려 선호하는 자기상에 완전히 부합하는 것으로 생각하기 때문이다(Fransella, 1993). 그러나 일부 사회구성주의치료자는 이와 같은 문제들을 다룰 수 있는 창의적이고 효과적인 방법들을 고안해 왔다. 이는 내담자들로 하여금 자신의 삶에 있어서 표면화될 수 있고 저항할 수 있는 체중과 관련된 억압적인 문화적 담론들 또는 '지배적인 이야기들'의 파괴적인 역할을 인식하도록 돕는 것이다(White & Epston, 1990).

두 번째 윤리적 쟁점은 포스트모던 치료의 특징을 잘 드러낸다. 이는 후성적 체계 모델(epigenetic systems model)에서 문제의 구성개념과 관련하여 문화-언어적 수준에서 나타나는 특징들을 매우 강조한 것처럼, 개인적인 문제를 더 넓은 사회적 맥락에서 이해할 필요가 있다는 것이다(Mascolo et al., 1997). 특히 이야기치료, 여성주의 또는 문화에 정통한 유형의 포스트모던 치료에서 이러한 접근법을 취한다. 이러한 관점에서 보면, 우리가 속해 있는 '문화'를 비롯하여 여타 문화에 내재되어 있는 억압적인 담론을 비판하고 '탈구성화'하는 것이 윤리적으로 필수적인 것이 되었다(Holzman & Morss, 2000). 이를 잘 보여 주는 사례는 섭식장애를 극복하려고 노력 중인 내담자들이 함께 모여 거식증을 미화하는 모델이 있는 광고판을 철거하는 '거식증 반대(anti-anorexia)' 단체에서 찾아볼 수 있다(Madigan & Goldman, 1998).

마지막으로, 세 번째 쟁점은 치료 효과의 정밀한 평가에 관한 것이다. 어떠한 형태의 치료든 각 치료의 연구자들은 자신들이 선호하는 치료법의 효과를 측정하고자 한다. 대부분의 현대 구성주의자도 인지행동치료자들만큼이나 자신들이 시행하는 치료의 효과를 측정하고 싶어 하지만 그에 대한 접근 방식에서는 차이가 있다. 일반적으로 특정 집단 또는 치료 접근법이 다른 집단 또는 치료 접근법보다 우수하다는 증거는 찾아보기 어렵다. 그렇기 때문에 구성주의자들은 특정한 주요 심리치료들에 대한 지지가 점점 커져 가는 것에 대한 우려를 표현한다. 특정 치료법의 우수성에 대한 주장들이 계속해서 제기되고 있지만, 자기성찰적인 태도와 같은 내담자의 개인적 변인들 그리고 치료적 동맹의 질과 같은 심리치료의 공통 요인들이 치료 효과의 가장 큰 부분을 차지한다는 많은 증거가 있다(Messer & Wampold, 2002). 실제로 통제된 치료 효과 연구들을 정량적으로 검토한 결과, 연구자가 가지고 있는 특정 치료법에 대한 선호도가 고려되면 특정 치료법이 다른 치료법보다 더 우수하다고 보게 되는 명백한 차이는 사라진다고 한다(Robinson, Berman, & Neimeyer, 1990). 그리고 주요 연구에서 관찰된 치료 효과 차이의 70% 이상은 특정 치료법에 대한 연구자의 선호 때문인 것으로 나타났다(Luborsky et al., 2002). 이런 결과들을 고려하면서, 특정 치료(예: 인지행동치료)를 다른 치료(예: 상호 지원 그룹)보다 선호하지 않는 중립적인 연구자가 진행하도록 세밀하게 계획된 무선화된 비교실험에서는 각각의 치료 조건들에서 치료 효과의 차이가 없는 것으로 나타났다(Bright, Baker, & Neimeyer, 1999).

이러한 연구 결과들이 점점 증가하는 것과 함께, 구성주의 심리치료 연구자들은 그들이 선호하는 치료법과 다른 치료법들을 '경마' 시합처럼 비교하는 것에는 관심을 두지 않는다. 반면, 치료적 계통과 무관하게 모든 심리치료의 개선과 관련된 심리적 구조 및 변화과정에 관한 기본적인 연구를 수행하는 쪽에 더 많은 관심을 기울인다. 예를 들어, 연구자들은 사다리 놓기 기법(R. A. Neimeyer et al., 2001), 항목배열과 의미격자(Dempsey & Neimeyer, 1995; Feixas, Moliner, Montes, Mari, & Neimeyer, 1992; Fransella & Bannister, 1977) 그리고 다양한 형태의 내용과 이야기 코딩(Angus, 1992; Viney, 1988) 등의 기술에 대한 구성주의적 평가의 신뢰도 및 타당도에 대한 근거를 제시하는 것에 초점을 맞춰 오고 있다. 이러한 연구들은 임상가들에게 앞서 설명한 측정방법들의 심리측정적 적절성(psychometric adequacy)을 신뢰할 수 있도록 해 준다. 또한 다수의 연구에서 관찰되었듯 치료과정 동안 발생한 의미 체계의 구성과 변화는 의미 체계에 관한 구성주의 모델에 신뢰성을 부여한다(Hardison & Neimeyer, 2007; Winter, 1992).

 과정-치료 효과(process-outcome) 연구를 선호하지만, 구성주의자들은 그들이 선호하는 치료법들의 효과를 측정하기 위해 전통적인 통제된 실험 역시 시행해 왔다. 이런 실험들의 연구 결과에 따르면, 그들이 선호하는 치료법은 내담자가 호소하는 증상들을 치료의 초기 단계부터 경감시켜 준다(개관을 위해서는 Holland, Neimeyer, Currier, & Berman, 2007; Viney, Metcalfe, & Winter, 2005 참조). 내담자가 높은 수준의 불안감을 다룰 수 있도록 돕는 데 특히 효과가 있다는 암묵적인 증거들이 있다. 반면에 구성주의자들이 선호하는 치료법은 심각한 정신병적 장애들을 다루는 데는 덜 유용한 것으로 보인다(Holland & Neimeyer, 출판 중). 그렇지만 중요한 것은 구성주의 연구자들이 자신들의 치료적 양식을 연구하는 것만큼이나 다른 치료적 양식(예: 정신역동, 집단, 행동)의 변화과정에 대해서도 적극적으로 연구한다는 것이다(Greenberg, Elliott, & Lietaer, 1994; Levitt & Angus, 1999). 예를 들어, 근친상간 피해자가 포함되어 있는 집단치료에는 구성주의적인 치료법과 대인과정 지향적인(interpersonal process-oriented) 치료법이 모두 효과적이다(Alexander, Neimeyer, & Follette, 1991; Alexander, Neimeyer, Follette, Moore, & Harter, 1989). 그렇지만 각 상황의 집단역동에 관한 추가적인 연구 결과를 살펴보면, 결과에서 나타난 변화의 4분의 1 이상은 우선 집단 구성원들과 동일시하고 이후에 시간이 경과하면서 집단치료자와 동일시했다는 것을 알 수 있다(R. A. Neimeyer, Harter, & Alexander, 1991). 기본적인 변화과정을 조사하는 이런 전략은 자신들이 선호하는 치료법의 우월성을 보여 주려는 편협한 마음에서 비롯된 것이라기보다는 심리치료에서 내담자의 행동기제에 대한 우리의 이해를 증진시키고자 하는 것이다.

심리치료의 경험적 연구에 구성주의가 기여하는 바가 커져 가지만 일부 포스트모던 이론가와 임상가는 심리치료 연구의 적절성에 대해 회의적이다. 심리치료 연구가 내담자의 이익을 위해 수행되기보다는 전문가들의 힘과 명예를 향상시키기 위한 측면이 있다고 보는 것이다(Parker, 2000). 심지어 구성주의치료를 근간으로 치료를 하는 충실한 과학자-임상가(scientist-practitioner)의 관점에서도 심리치료 효과 연구의 불가피한 형식주의 및 단순화와 놓치기 쉬운 미묘한 관계적 재협상을 의미하는 심리치료 사이에서 발생하는 '본질적인 긴장감(essential-tension)'을 인정하는 데에는 이유가 있다(R. A. Neimeyer, 2000). 내담자와 치료자 사이에서 발생하는 복잡한 춤은 언제나 치료적 만남의 매 순간에 무엇이 가능하고 무엇이 필요한지에 관한 직관적인 '해석'을 요구한다(R. A Neimeyer, 2002). 그러나 효과 연구가 우리에게 알려 줄 수 있는 것에 대한 가장 현실적인 기대는 아마도 치료적 변화를 일으키는 '주요 구성 요소(active ingredients)'에 대한 일반적인 특성에 불과할 것이다.

30

통합적 치료 구성하기

심리치료에 대한 다양한 접근—심지어 인지행동치료 접근—을 고려할 때, 많은 심리치료 이론가와 치료자는 지난 20년 이상의 기간 동안 서로 이질적인 모델과 방법의 통합을 지지해 왔다(Goldfried, 1995; Norcross, 1986). 그러나 역설적이게도 통합적인 심리치료 접근은 그 자체가 다양하며, 각 접근법들의 가정과 목적이 서로 다르다(R. A. Neimeyer, 1993b). 적어도 이런 통합적 심리치료의 야심찬 목적은 특정 내담자를 치료함에 있어 효과적일 것으로 생각되는 '어떠한 치료'든 받아들이도록 격려하거나 허용하는 **기술적 절충주의**(technical eclecticism)를 의미하는 것인지도 모른다(Whitaker & Keith, 1981). 이는 임상 현장에서는 흔히 발견되지만, 심리학자나 연구자들에 의해 지지되는 경우는 거의 없다. 그것이 원칙을 지향하거나 내담자가 스스로 체험하도록 돕지 못하고 표면적으로만 매력적이기 때문이다. 이처럼 비체계적인 기술적 절충주의를 사용하다 보면 치료자는 어떤 순

간에는 전이 패턴을 해석하고, 어떤 순간에는 비합리적인 사고
를 논박하며, 또 어떤 순간에는 역설적 기법을 사용하는 등 치료
적 과정의 미지의 바다에 빠져서 혼란을 경험하게 된다. 이에 대
한 대안인 **체계적 절충주의**(systematic eclecticism)에서는 치료자가
내담자의 성격 특성을 고려하여 지시적이고 행동적인 치료적 개
입을 하거나 또는 좀 더 탐험적이고 정서 초점적인 작업을 한다
(Beutler & Clarkin, 1990). 이때 고려되는 내담자의 성격 특성에는
다른 사람에 의해 통제되는 것에 대한 '심리적 저항성'의 정도라
든지 내적 혹은 외적인 관점에서 삶의 문제들을 해석하려는 경
향성 등이 있다. 치료에 대한 데이터를 바탕으로 '언제 어떤 치
료를 사용할 것인가'에 대한 직관을 치료자에게 알려 주려는 시
도는 칭찬할 만하지만 이러한 '짝지음(matching)'이 효과적인지
에 대한 증거는 부족하다(Baker & Neimeyer, 2003). 좀 더 근본적
으로, 체계적 기술적 절충주의(systematic technical eclecticism)의
성공적인 프로그램들조차도 심리치료의 **통합**적인 형태라고 보
기 어렵다. 오히려 그것은 체계적 **다원성**(pluralism)의 일종이라
고 볼 수 있는데, 이는 여러 심리치료를 더 크고, 보다 일관된 개
념적 틀 속으로 흡수시키지 못한 채 치료들 간에 더 많은 정보
교환을 허용하는 것에 불과하기 때문이다.

　마지막으로 그리고 가장 야심차게, 몇몇 심리학자는 인간이
경험하는 문제와 변화의 원리들을 아우르는 이론을 형성하기 위
해 두세 가지 이상의 다른 심리치료 방법을 통합할 수 있는 진정
한 **이론적 통합**을 주장해 왔다(Wachtel, 1991). 행동치료와 인지치

료를 함께 융합한 인지행동 모델은 그런 진보적인 통합을 반영하며, 그 둘 중 하나만을 고려하는 것보다는 틀림없이 좀 더 포괄적이고 기술적으로 다양한 후속 이론들을 만들어 낸다. 그러나 이런 치료적 원리들이 개념적인 수준에서 통합적인 심리치료의 잠재력을 실현할 수 있으려면 어떤 이론들이 중요한 이론적 체계에 지속해서 기여할 수 있을지 식별하는 데 도움이 되어야 한다(Messer, 1987).

나는 통합심리치료에 한 걸음 다가선 이론적으로 진보된 통합(theoretically progressive integration) 또는 TPI라고 부르는 접근방법의 개요를 그려 왔다(R. A. Neimeyer, 1993b; Neimeyer & Feixas, 1990). 이 관점의 핵심은 통합을 위한 **인식론적**(epistemological) 범주와 관련이 있으며, 이 범주는 TPI에 통합될 다양한 이론을 형성하는 지식에 대한 기본적인 접근방법과 관련이 있다. 이러한 견지에서 보면 각 심리치료의 체계에는 일련의 독특한 인식론적 기반들이 내재되어 있다. 그러한 기반은 현실 및 현실과 인간의 관계에 대한 핵심적이고 종종 암묵적인 **메타이론적 믿음**들, 인간이 겪는 스트레스와 장애의 본질(nature)에 대한 **임상 이론**들과 인체 기능(human functioning)에 대한 **형식 이론들**(formal theories)에서부터 치료적 **전략과 기술**에 이르기까지 다양하다. 암묵적으로, 통합적 심리치료에 대한 이상적인 후보군은 핵심적인 수준에서는 강력한 통합성을 갖고 있지만 전략적인 수준에서는 다양성을 지니면서 좀 더 포괄적인 모델로 통합되는 경우이다. 이럴 때 통합적 심리치료는 기술적 확장과 개념적 일관성이라는 두 가지 이점을 모두 갖고 있는 색다른 치료 형태가 될 것이다. 바로 이런 방향의 양립 가능성이 구성주의 심리치료의 핵심 특징인데, 이는 특정 치료 절차 속에서 많은 다양성을 제공한다. 그렇기 때문에 이론적으로는 일관성을 유지하면서도 자신이 가지고 있는 여러 기법에 무엇인가를 더하려고 하는 모험적인 임상가들은 그들의 작업을 풍부하게 해 줄 개념과 방법을 구성주의에서 발견할 수 있다. 다음에 소개되는 구성주의 심리치료의 실제 사례에서 볼 수 있듯이, 이것은 수년간 내가 경험해 온 것이다. 이를 좀 더 자세히 설명함으로써 변화하는 내담자들의 욕구에 반응하는 구성주의치료의 범위와 유연성 그리고 발전해 가는 치료자들의 역량을 독자들이 잘 이해할 수 있기를 희망한다.

회사에서 중간관리자로 재직 중인 43세 남성 Bill은 간단한 인지행동치료를 받은 후에도 불안 증상이 호전되지 않아 근로자 지원 프로그램(employee-assistance program: EAP)을 통해 나에게 의뢰되었다. 첫 회기에 Bill은 지난 5년을 '롤러코스터'로 표현하였고, 17년간의 결혼 생활 끝에 아내인 Sally가 자신을 떠나간 것이 롤러코스터의 절정이라고 했다. 중요한 것은 이혼으로 인해 생긴 단층선이 가족 구조에 아주 깊은 틈을 만들었고, 15세 아들 Randy는 Bill과 함께 남은 반면, 12세 딸 Cassie는 아내와 함께 멀리 다른 주로 이사를 가게 되었다. Bill은 첫 회기에서 회사 동료이자 이혼 경험이 있는 39세의 Delanie와 맺고 있는 은밀한 관계에 대해 솔직하게 이야기했다. 오랜 시간 함께했던 전 아내가 '강압적·논쟁적·대립적'이었던 것과는 달리 Delanie는 자신을

'어떻게 대해야 하는지' 안다고 했다. 비록 그의 전 부인과의 거리가 Delanie와 Bill 사이의 갈등을 완화시켰지만, 다른 몇 가지 문제가 떠오르고 있었다. 그중 하나는 최근 회사에서 있었던 평범한 연례 평가였는데, 이는 직장에서의 업무 성과에 대한 걱정을 불러일으켰으며, 무엇보다도 몇 번의 공황발작 형태로 나타나면서 점점 악화되고 있는 Bill의 불안을 깨우는 '알람시계'로 작동했다. 또 다른 문제는 아들 Randy에게 점점 더 쉽게 '화를 내는' 상호작용(Randy는 학교에서 성적이 점점 떨어지고 있었다)을 하게 되는 것이었다. 지금까지 EAP와의 간단한 접촉 외에는 치료 경험이 없었음에도 불구하고 Bill은 말하는 것이 도움이 된다는 강한 확신을 가지고 치료자의 도움을 받아 자신에게 무슨 일이 일어나고 있는지 알고 싶어 했다. 그래서 약 2주에 한 번씩 18개월에 걸쳐 그의 삶의 개인-독자적 영역과 양자-관계적 영역에 초점을 맞춘 복잡한 치료적 여정을 시작하기로 했다.

이후 만남에서 Bill은 현재 경험하고 있는 문제들에 대해 자세하게 설명하였다. Delanie는 Bill과의 관계가 좀 더 개방적이고 공개적이며 헌신으로 이어질 수 있기를 원했는데 왜 '그런 관계로 나아가지 못하는지' 불만이었다. Bill은 Delanie와의 관계가 '굳건한 토대' 위에 세워졌다고 느꼈음에도 불구하고 그것이 남들의 눈에 띄게 드러나는 것에 대해서는 매우 꺼려진다고 하였다. 그들의 친밀한 관계를 직장에서 비밀로 만드는 거리낌은 친족등용금지법(anti-nepotism rule)을 고려하더라도 충분히 설명이 되지 못했다. 동시에 Bill은 시간이 지남에 따라 딸과의 관계

가 '점점 더 차가워지고 거리감이 생기는' 것을 느꼈으며, 딸을
만나러 가기 위해 준비를 하던 중 그의 불안이 극에 달하면서 딸
을 방문하려던 일정을 취소하기도 했다. Bill이 양자-관계적 수
준에서 교착상태에 빠져 있는 것을 보면서 나는 그에게 치료를
위한 '조언자'로서 Delanie를 상담에 초대할 것을 제안했다. 그
녀는 치료가 Bill의 문제에만 집중한다는 조건하에 초대를 수락
했다.

　이후 이어진 회기에서 Bill은 큰 깨달음을 얻었다. Delanie는
Bill이 자신에게 헌신하는 것에 있어서 '발을 질질 끌면서' '마지
못해 하는 사람' 같다고 열변을 토했다. 반면, Bill과의 관계에 있
어서 자신은 앞으로 나아가기를 열망하는 '모험가'라고 표현하였
고, Bill의 자녀들과 자신이 더 친밀해지는 것은 그다음으로 중요
한 단계라고 보았다. 나는 지금의 문제에 대해 두 사람이 가지고
있는 각기 다른 관점과 미래에 대한 그들의 계획을 명확히 하려
고 노력하였다. 이 노력은 돌봄과 존중에 대한 공동의 합의를 이
끌었고 이후의 개인 회기에서 Bill이 강조했던 '친밀감'을 촉진했
다. 그러나 동시에 Bill은 여전히 딸과의 관계에서 큰 거리감을
경험하고 있었는데, 이것은 심각한 비행공포증 때문에 딸의 생
일날 딸을 보러 가기 위해 비행기를 타지 못한 죄책감에 의해 촉
발되었다. 추가적인 질문들을 통해 나는 몇 가지 의심스러운 부
분들을 확인했다. Bill에게 있어 Delanie와 Cassie의 관계 문제
는 매우 복잡하게 얽혀 있었다. 그 이유는 Cassie에게 부모의 결
혼 생활을 끝내게 했다며 원망하고 있는 여자를 만나게끔 강요

하는 것을 상상할 수 없었기 때문이었다. 그는 이런 감정을 직접적으로 표현하기 시작하면서, 멀리 떨어져 있는 딸과의 관계를 해결하기 위한 방법으로 Delanie와 이별한다면 마음 한편에서 안도감이 느껴질 것 같다고 말했다. 비록 그가 이런 생각을 바로 중단하기는 했지만 결혼에 대한 그의 시각은 결혼하는 것보다 혼자 있는 것을 더 선호하게 하는 중요한 정서적 의미들로 채워져 있다는 것이 명백했다. 그래서 나는 사다리 놓기 기법을 사용하여 이 선택의 상위 위계에 있는 의미를 알아내고자 했다 ([그림-4]).

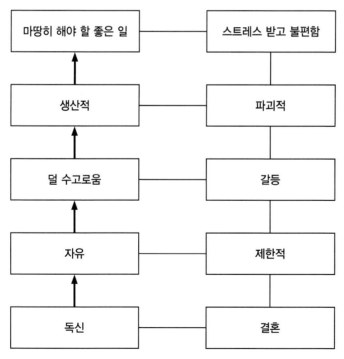

[그림 4] Bill의 개인적 구성 사다리

사다리 놓기 질문에 나타나듯이, Bill에게 있어서 독신으로 남아 있는 것의 암묵적인 의미는 자유로움, 덜 수고로움, 생산적인 느낌 그리고 마땅히 해야 할 좋은 일, 좋은 삶을 경험하는 것이었다. 이와는 대조적으로, 결혼 생활에서 그가 경험하는 주관적인 의미는 제한적임, 갈등을 겪음, 파괴적인 느낌, 스트레스와 불편한 삶이라는 구성개념을 포함하고 있었다. 그는 이 구성개념들의 위계를 완성한 후 자세를 바로 하면서 "지금 제가 저의 첫 번째 결혼 생활에 대해 묘사하고 있다는 생각이 방금 떠올랐어요."라고 말했다. 그러고는 자신과 전 아내와의 관계에서 느꼈던 속박감과 갈등이 어떻게 현재 자신과 Delanie의 관계에 '투영되어' 있는지 그리고 의식적인 수준에서는 현재 연인과의 관계가 '진전되길' 원하지만 이전 관계에서 투영된 감정들이 어떻게 더 깊은 관계를 맺는 것을 멈추게 하는지에 대한 탐색이 뒤를 이었다. 회기가 거의 끝날 때쯤 Bill이 흥분하며 말했다. "이제 정말 치료를 받고 있는 것 같아요."

치료에서 이와 같은 중요한 단계를 지났음에도 불구하고, Bill은 Delanie에게 더 많이 헌신하거나 아이들과 그녀가 더 친밀해지도록 하는 데 있어 별다른 성과를 내지 못했다. 딸을 만나기 위해 500마일 떨어진 곳으로 떠나야 하는 두 번째 여행이 임박했을 때 개인 내적이고 대인관계적인 긴장감이 고조되었다. 그가 여행에 대한 자신의 이해하기 어려운 신경과민을 알아차렸을 때, 나는 이를 신경과민에 내재되어 있는 암묵적인 의미를 이해할 수 있게 도와 달라는 것으로 받아들였다. 그래서 그에게 눈을 감고 감정에 주의를 기울이면서 동시에 신체에서 느껴지는 감 각에 주목해 보라고 했다. 나는 Gendlin(1996)의 초점 기법을 이 용하였고, 그에게 감정에 '머무르면서' 그것을 언어로 표현해 보 라고 했다. Bill은 잠시 동안 조용히 앉아 있었다. 그러고 나서 는 Delanie가 기꺼이 자신과 함께 운전을 해서 먼 거리를 가 주 고 자신이 딸과 함께 하루를 보내는 동안 자신을 지지해 주면 서 호텔 방에 머물렀음에도 불구하고 '외로움' '허전함'을 느꼈다 고 말했다. 그는 내면에서 떠오르는 복잡한 감정을 깨닫게 되었 다. 즉, 너무 불안해져서 운전을 할 수 없다는 이미지가 떠올랐 을 때, 이런 '신경과민' 증상이 'Delanie가 자신을 향해 갖고 있는 믿음을 훼손시키는' 정서적 의미를 내포하고 있음을 인식하게 된 것이다. 이에 더하여 이러한 자각의 과정은 Bill이 자기통제 력을 잃는 것뿐만 아니라 '신을 실망시키는 것'을 포함해서 그가 사랑하는 사람들까지도 실망시킨다는 느낌을 확인하고 표현하 게 만들었다. Delanie와 함께한 이후의 회기에서는 한 사람에게 다가가면 다른 사람을 잃을 수도 있다는 관계적 긴장감, 그리고 Delanie와 딸의 관계에서 '가운데 끼어 있는 느낌'을 확인했고, Bill은 눈물을 흘리며 이것을 인정했다. Delanie는 비극적인 역 학 관계는 "딸에 관한 것은 일부분이고 나머지는 Bill에 관한 것" 이라고 강조하였다. 그리고 눈물을 흘리며 Bill에게 "당신은 남 은 인생을 외롭게 혼자 보내는 것보다 더 좋은 삶을 누릴 자격이 있어."라고 말해 주었다. Delanie는 함께 여행을 하고 아주 잠깐 이라도 자신과 Cassie와 만날 수 있는 시간을 만들라는 최종 통보를 했고, Bill은 이에 굴복했다. 이 계획이 표면적으로는 성공적이었지만 Delanie는 자신이 경험하고 있는 소외감에 대해 깊은 공포를 느꼈기 때문에 집으로 돌아가는 길에 걷잡을 수 없이 눈물을 흘리며 호흡곤란을 경험했다. 그래서 그녀가 다음 주에 자기보호를 위해 거리를 두기 시작한 것은 전혀 놀랄 만한 일이 아니었다.

　Bill과의 상담을 한 회기 남겨 두었을 때, 나는 호주와 뉴질랜드로 한 달 정도의 긴 강연을 떠나기 직전이었고 이후에는 휴가가 예정되어 있었다. 그래서 다음 회기에는 내가 없는 동안 Bill이 지지를 받지 못하는 취약한 상태로 남겨지는 위험을 감수하더라도 고통의 근원을 깊이 있게 탐색할 것인지 또는 내가 휴가에서 돌아올 때까지 스트레스 상황을 다룰 수 있도록 도와줄 대처 기술을 강화하는 것에 초점을 맞출 것인지에 대해 그와 협의해야 했다. Bill이 '자신에게 무슨 일이 벌어지고 있었던 것인지 이해할' 준비가 확실히 되어 있었고 또 그럴 필요가 있다고 생각하고 있었기에 나는 전자를 선택했다. 이야기치료자들과의 만남을 앞두고 있었기에 그것에 영향을 받았기 때문이었을지도 모르지만, 나는 '전 부인과 딸에게 Delanie와 결혼할 예정이라고 말할 수 없게 만드는' '죄책감'을 드러내는 표출대화(externalizing conversation)를 그와 함께 시작했다. 죄책감이 그의 삶에 미치는 영향에 대해 '탐색하고자 하는 나의 질문'은 그로 하여금 지난날들을 돌아보게 만들었고, 그의 상세한 회상적 대답들은 구체적인 방향을 잡게 해 주었다.

회기가 끝난 후, 나는 Bill에게 그의 상황에 대해 우리가 나눈 대화 속에서 얻었던 통찰을 종합하여 회기의 본질을 담은 편지를 작성하여 보냈다. 그 내용은 주로 그가 사용하는 표현들로 이루어졌다.

Bill에게

오늘 회기가 끝난 후 나는 죄책감이 당신이 경험하고 있는 어려움의 핵심이라는 당신의 과감한 인식에 대해서 깊이 생각해 보았습니다. 또한 만약 당신이 삶을 제자리로 돌려놓고 싶다면 죄책감의 문제를 직접적으로 다룰 필요가 있다는 것에 대해서도 깊게 생각해 보았습니다. "지금껏 살아온 방식대로 앞으로도 살아갈 수는 없어요. 내가 스스로를 돌볼 때까지는 다른 사람을 돌볼 수 없어요."라고 당신이 말했던 것처럼, 죄책감이 당신의 삶에 부정적인 영향을 미치고 있는 여러 방식에 대해 언급했습니다.

1. 죄책감은 당신이 친밀한 모든 관계에서 불편해하도록 만듭니다.
2. 죄책감은 당신이 Delanie와 마음껏, 자유로이 기쁨을 느끼는 것을 방해합니다.
3. 죄책감은 당신이 Delanie와 거리를 두도록 만들며 앞으로의 관계를 위해 헌신하지 못하도록 합니다.
4. 죄책감은 당신이 자녀들에 대한 '입장을 취하지' 못하게 합니다.
5. 죄책감은 Delanie와의 관계를 숨기고 당신이 사랑하는 사람들에게 비밀로 하도록 만듭니다.

6. 죄책감은 당신이 저질렀던 죄를 끝없이 속죄하라고 비난합니다.

"나는 더 이상 죄책감을 참을 수 없는 지점에 이르렀다. 모든 사람들이 나를 때리는 것에 지쳤고 나는 무엇인가를 해야만 한다."라는 당신의 선언에 저는 깊은 감명을 받았습니다. 저는 당신이 옳다고 확신합니다. 당신의 삶에 미치고 있는 죄책감의 파괴적인 영향을 정면으로 맞서는 당신이 정말로 옳습니다. 당신이 제안했던 것처럼 '죄'에 대한 당신의 성직자스러운 특성에 대해 이야기를 한 것과 용서를 위해 필요한 행동을 취하는 것은 이 문제에서 매우 대담하고 창의적인 단계라고 생각합니다. 죄책감이 지금까지 당신의 인생에서 했던 중요한 역할을 고려해 볼 때 비록 죄책감을 없애는 데 있어서 이런 식으로 너무 빨리 움직이지 않는 것이 현명할 수도 있지만, 자녀들에게 Delanie와 함께한 당신의 역사에 대해 솔직하게 이야기를 해 보자는 당신의 생각에 놀랐습니다.

저는 당신이 인생에서 이룩한 이런 흥미로운 발전에 대한 많은 궁금증을 가지고 호주와 뉴질랜드로 떠나겠습니다. 그리고 우리가 다시 함께할 때 새로운 소식이 있기를 기대합니다. 행운을 빕니다.

Bob Neimeyer

한 달 후 내가 돌아와서 그와 갖게 된 회기는 일종의 전환점이 되었다. Bill은 '그 편지가 다른 어느 회기들보다 우리의 지난 회기를 잘 상기시켜 주었기' 때문에 편지에 대해 '훌륭하다'는 언급으로 회기를 시작했다. 그리고 나서 그는 인상적인 일련의 '독특한 성과'에 대해 이야기했다. 예를 들어, 작은 목공일을 맡는 것,

캠핑을 가는 것, '이기적'으로 보인다는 이유로 오랫동안 미루어
왔던 다른 일들을 하면서 성공적으로 죄책감으로부터 삶을 되찾
고 있었다. 동시에 그는 계속해서 거리를 두고 있던 Delanie를
향해 뜨거운 감정이 되살아남을 느꼈다. 흥미롭게도, 그는 내가
쓴 편지를 자발적으로 Delanie에게 보여 주었는데, 그녀는 그 편
지가 자신을 간접적으로 묘사해서 치료적 자료로 쓰였다고 의심
했다. 그래서 그녀는 자신의 상담사와 함께 논의하기 위해 편지
를 가져갔다. 그러더니 그녀의 삶에서 Bill과 그의 자녀들과의 관
계 그리고 Bill의 죄책감의 역할을 밝혀내고자 그에게 다음 치료
회기에 같이 참여하고 싶다며 허락을 구했다.

　다음 회기에서는 초반에 교착상태가 빚어지긴 했어도 두 사람
의 관계에서 무엇이 문제인지는 명확해졌다. Bill은 자신의 자녀
들과 좀 더 친밀한 관계를 원하는 Delanie의 요구에 점점 더 분
개했다. 그것은 그에게 이전 결혼 생활에서 가장 안 좋았던 경험
을 반복하는 것이었다. 마찬가지로, Delanie는 점점 더 Bill의 약
속에 대한 의심이 커져 갔다. Bill이 '두 개의 분리된 삶을 합치는
것'을 꺼리기 때문이었다. 그 결과, 두 사람은 각 상황에 대한 자
신들의 구성개념과 일치하는 방식으로 자신들의 행동을 강화했
고, 그것은 또한 상대방의 해석을 타당화해 주기도 했다. 이런
악의에 찬 타당화의 순환은 나비넥타이 도표(bow-tie diagram)에
제시되어 있다([그림 5] 참조). 그들을 위한 '절망의 춤'을 도식화
하면서, 나는 다음과 같은 Bill의 반응에 만족했다. "우리 사이에
고정된 패턴을 만들어 내는 방식이 있다면, 패턴이 굳어지는 것

은 이해할 만하네요. 왜냐하면 패턴은 시간이 지나면서 점점 강화되기 때문이죠." Delanie도 이에 대해 동의했고, "우리 중 한 명이 결점이 있거나 미치지 않았다는 것을 알아서 기분이 좋아요."라고 덧붙였다.

때때로 좌절이 있었지만 다음 몇 회기 동안 이 과정을 계속했다. 예를 들어, Bill은 지난 2년간 사귀는 동안 처음으로 Delanie

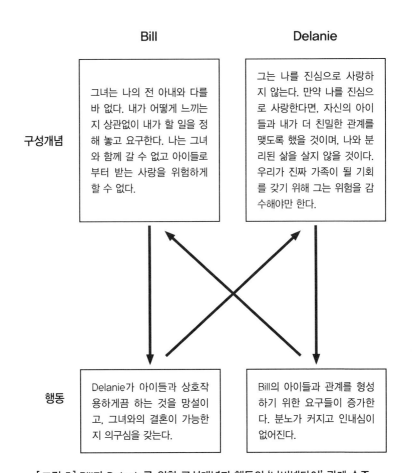

[그림 5] Bill과 Delanie를 위한 구성개념과 행동의 '나비넥타이' 관계 수준

와 공개적인 데이트를 할 정도로 자신이 점점 더 예전의 자신처럼 느끼고 더 편안하게 관계에 집중하고 있다고 이야기했다. 또한 자신이 다니는 교회의 '아무런 말 없이 용서해 주는' 목사와 함께 그의 연애와 이혼에 관해 진솔한 대화를 나누었다. 다만 거의 진전이 없었던 부분이 있었는데, 그것은 Delanie와 Cassie가 가까워지도록 하는 것이었다. 그래서 그는 혼자 딸을 만나러 갈 준비를 했다. 아빠로서 딸을 만나는 것, 그 여행은 Bill에게는 상당한 위험을 감수한 것이었다. 심지어 그는 준비한 편지를 호텔 방에서 딸에게 읽어 주면서 자신의 사랑을 재확인시켜 주었고 '준비가 된다면' 자신이 이혼한 것을 용서해 달라고 부탁했다. 이어서 그의 전 아내 Sally에게 '근본적으로 다른 인생관'이라는 관점에서 이혼의 이유들을 설명하는 편지를 썼다. Delanie는 Bill의 가족 재구조화 과정에서 자신이 '완전히 소외되고 거의 보이지 않는' 것 같은 느낌에서 서서히 좀 더 공감하는 입장으로 변하였다. 커플 회기는 종종 통렬한 감정들이 두드러졌지만 깊은 관계의식 또한 보여 주었다. 어떤 회기에서 Bill은 시야가 흐려질 정도로 울면서 "절충하고 이해하려는 Delanie의 의지 때문에 저는 그녀를 더 사랑하게 되었어요."라고 말하였다. Delanie가 다가와서 눈물을 닦아 주자 Bill은 "당신의 사랑은 나에게 힘이 돼."라고 덧붙였다.

비록 딸을 만나러 가거나 딸이 그를 만나러 오는 경우가 드문 것이 걱정이었지만, 치료가 진행된 몇 달 동안 Bill과 Delanie 사이의 친밀함이 '그 어느 때보다 더 강해졌다'는 것에 두 사람 모두 동의하였다. Bill의 오래된 비행공포증이 심해지면서 딸을 방문하는 것은 더욱 어려워졌다. 그는 비행공포증을 "갇혀서 나갈 수 없는 공포"라고 묘사했다. 비행기를 타지 못하는 것은 직장에서 중역으로서 업무를 수행하는 것을 복잡하게 만들 뿐만 아니라, 훨씬 더 심각하게는 딸과의 만남을 지연시켰다. 그래서 나는 그에게 행동치료자들이 제안한 비침습적인 둔감화 프로그램에 참여할 것을 권유하였는데, 그는 개인적 · 직업적 영역에서 비행공포증으로 인한 제약으로부터 벗어나기를 희망하면서 흔쾌히 받아들였다. 마지막 회기에서 Bill은 "Delanie에게 헌신하는 것을 주저하다가 우리 관계가 깨진다면 어리석은 일이죠."라고 긍정적인 언급을 하였고, 그러면서 우리의 치료는 마무리되었다.

  치료가 끝나고 Bill에게서 더 이상 어떤 소식도 듣지 못했으나, 4년이 지난 어느 날 Bill이 다시 상담을 요청하는 전화를 해 왔다. 그 기간 동안 Bill은 치료를 통해 얻은 이득들을 여러 측면에서 공고히 했다. Delanie와는 3년째 행복한 결혼 생활을 유지하고 있었으며, 아들 Randy에게 이전보다 더 절제된 훈육을 통해 학업 성적이 하락하던 것을 바로잡을 수 있었고, 여자 친구와 헤어진 슬픔도 잘 견딜 수 있도록 도와주었다. 또한 Bill과 Delanie는 각자의 영역에서 전문성을 지속적으로 개발해 왔다. 그러나 두 가지 문제가 끈질기게 지속되고 있었다. 하나는 비행공포증이었다. Bill은 행동치료자와 충분한 '신뢰'를 형성하지 못했고 따라서 비행공포증 치료가 4회기 이상을 넘어가지 못했다. 다른 하나는 딸과 Delanie 사이의 '줄다리기'였다. 이 때문에 Bill은

3년간 편지를 통한 왕래를 제외하고는 딸을 직접 만나지 못했다. 실제로, Cassie는 이전에 만났을 때 Delanie에게 예의를 갖춰 대했음에도 불구하고 편지에서는 결코 Delanie를 받아들일 수 없고 그녀를 보고 싶지 않다는 입장을 분명히 했다. Bill은 난처한 상황에 있었고, '일어서서 남자답게 행동하고 옳은 일을 할 수 있도록' 나의 도움을 필요로 하고 있었다.

물론 우리가 만나지 않았던 기간 동안 개인적이고 전문적인 영역에서 성장한 것은 Bill뿐만이 아니었다. 나 역시 포스트모던 치료자로서 새로운 개념과 방법들(예: 일관성치료와 관련된)을 통합하면서 성장했다. 기존의 방법과 개념들을 좀 더 일관된 경험적인 방향으로 이동시키면서 이전의 작업 방식과도 일관성을 유지했다. 어떤 측면에서 볼 때, 초반의 회기들은 두 가지 방향을 왔다 갔다 하고 있었다. 한 방향은 외적이고 사건 자체에 기반을 둔 이야기들에 주목하는 것이다. 반면, 다른 한 방향은 Bill이 자신의 문제에 대해 가지고 있는 이해하기 어려운 '경험들'의 개인적인 의미에 주목하도록 돕는 내적이고 의미 지향적인 치료적 개입을 추구하는 것이었다. 나는 지속적이고 내적인 정서적 탐험을 촉진하는 것에 더 초점을 맞추었다. 이것은 내담자들에게 증상으로 나타나는 행동(symptomatic behavior)을 지속하게 만들지만 겉으로는 드러나지 않는 가정들을 직면하고 표현하도록 하기 위함이었다. Bill의 만성적인 주 호소 문제를 일관성치료의 관점에서 살펴볼 때, 딸에 대한 불안이라는 **의식적인 증상**을 회피하려는 자신의 패턴을 극복하고자 하는 동기가 그로 하여금 다시 치료를 받게 하였다는 것을 좀 더 명확하게 알 수 있었다. 딸과 '멀리 떨어져 있는' 이 고통은 매우 사실적이었기에 나의 첫 번째 작업은 Bill이 그 고통을 명확하게 설명하도록 돕고 진솔하게 그의 아픔에 공감적으로 반응하는 것이었다. 그러나 궁극적인 목표는 그가 자기 문제의 더 높은 위계, 숨은 목적, 무의식적인 이유를 구성하는 자신의 의도와 의미 체계에 접촉하도록 돕는 것이었다. 그래서 회기의 대부분은 **근본적인 질문**(radical inquiry)들로 구성되었다. 그 이유는 Bill로 하여금 무의식 속에 깊게 내재되어 있는 구성개념들에 도전한다거나 그것들을 무효화하거나 해석하려는 시도 없이 생생한 경험적 방식을 통해 그것들과 '마주하도록' 하기 위함이었다. 우선, 의식적인 증상과 무의식적인 이유가 모두 명확했기 때문에, 그 둘을 의식적으로 확인하거나 그것들을 좀 더 포괄적인 자기이야기 속으로 통합할 수 있는 새로운 종류의 인식을 만들어 내기를 희망했다.

나는 **증상박탈** 기법을 사용하여, 자신의 딸과 Delanie 사이에 관습적인 거리가 사라진 '현실'을 Bill이 어떻게 경험하고 있는지 상기시키고자 했다. 그래서 그에게 눈을 감고 Delanie와 딸이 함께 일상적인 일을 같이 하고 있는 모습을 생생하게 시각적으로 그려 보라고 요청했다. 잠시 침묵이 흐른 뒤, Bill은 뜻밖이라는 듯 놀라면서 다음과 같이 이야기했다. "저는 그게 멋질 거라고 이야기하고 싶었지만 제가 처음 느낀 반응은 식은땀이 흐르는 것이었어요. 눈을 감는 순간 고집 센 두 사람이 강하게 대립하고 있는 게 보였어요." 그에게 이 장면에 좀 더 머물러 보라고 지시하면서 "어떤 일이라도 일어나면 저에게 알려 주세요."라고 말했다. 이런 지시는 몸에서 느끼는 감각을 통해 전달되는 의미에 접촉할 수 있게 해 주었다. 그가 처음으로 알아차린 것은 턱이 떨리고 있다는 것이었는데, 그 느낌에 대해 "비행기에 탑승할 때 엄습해 오는 내적인 공황 같아요."라고 말했다. 그리고 난 뒤 그는 힘겹게 침을 삼키고 눈을 떠서는 "대립하고 있던 그 두 사람은 Delanie와 딸이 아니라 아마도 저와 딸이었던 것 같고, 그것이 문제예요."라고 이야기했다. 그는 잠시 동안 더 침묵한 뒤 "여기에 제가 뚫고 지나갈 수 없는 어떤 것이 있어요."라고 덧붙였다.

이 교착상태에 대해 추상적인 논의를 나누기보다는 Bill이 이런 무의식적인 이유의 이면에 있는 암묵적 의미들과 접촉할 수 있도록 문장 완성 기법을 사용했다. "만약 Cassie가 여기에 온다면 _____."이라는 문장에 대한 그의 첫 반응은 "우린 기꺼이 그녀를 만날 것이다."라는 예상 가능하고 만족스러운 답변이었다. 다음 답변은 "만약 Cassie가 여기에 온다면 그들 중 한 명 또는 둘 다 잃어버릴까 봐 두렵다."로 더욱 깊이가 있었다. 그의 눈가가 촉촉해졌기 때문에, 나는 그에게 세 번째 문장 완성 질문을 함으로써 좀 더 개인 내적인 의미의 답변을 하도록 유도했다. "만약 Cassie가 여기에 온다면 그렇다면 나는…… 아마도 딸이 내 인생에서 떠나가는 것을 보게 될 것이다." Bill은 눈물을 닦고 난 뒤 Cassie가 9세였던 때의 기억을 떠올렸다. 그는 앉아서 딸을 꼭 끌어안으며 "너는 이제 곧 10대가 될 거야. 다 자랐구나."

라고 말했다. 딸은 Bill의 목을 두 팔로 다정하게 감싸 안고는 "저는 언제나 아빠의 사랑스러운 딸이에요."라고 말하면서 그를 안심시켰다. Bill의 눈에 눈물이 고여 있었고, 그는 조용히 흐느끼면서 눈물을 닦기 위해 안경을 벗었다.

Bill이 보이는 행동의 무의식적인 이유들을 고려할 때, 그의 새로운 결혼 생활뿐만 아니라 딸과의 관계에서 큰 희생을 치르면서도 거리를 유지하고자 하는 그의 숨은 의도가 명백해졌다. 회기를 종료하면서, 나는 Bill의 이런 입장이 명확하게 적힌 색인카드를 그에게 주면서 거기 적힌 것을 큰 목소리로 천천히 읽어 줄 것을 부탁했다. "딸에게서 멀리 떨어져 있는 현재의 상황이 고통스럽지만, 딸로부터의 이 끔직한 거리감을 느끼는 것이 낫다. 딸이 나에게서 멀어지는 것보다, 딸의 팔이 나의 목을 감싸는 것을 느끼지 못하는 것보다 그리고 '저는 여전히 아빠의 어린 딸이에요.'라는 이야기를 들을 수 없는 것보다는 그것이 차라리 낫기 때문이다." '팔'이라는 단어에 목이 메어서 Bill은 그 문장을 더듬으며 읽었고 눈물을 거두면서 다음과 같이 조용히 이야기했다. "내가 의식적으로 이 자리에 머무르는 것은 지금껏 내가 해 온 것들을 전혀 다른 관점에서 이해할 수 있도록 해 주었어요." 그의 행동을 변화시키려고 의도하지 않고 내가 준 카드를 하루에 몇 번씩만 읽어 달라고 한 나의 간단한 요구가 무의식적인 증상이 갖고 있는 의도를 더욱 깊이 이해할 수 있도록 해 주었다. 그리고 한 달 후로 예정되어 있던 우리의 마지막 추수 회기에서 더 큰 결실을 맺을 수 있었다.

Bill은 좀 더 젊고 강해진 모습으로 마지막 회기에 참여했다. 걱정으로 인해 주름져 있던 그의 이마를 보는 것이 익숙했던 내게 그의 이마 주름은 희미해 보였다. 오히려 문제 행동이 개선된 부분은 좀 더 명확했다. 그는 전 아내 Sally에게 진솔하면서도 연민 어린 편지를 보내서 자녀들을 위해 이제 '해묵은 싸움을 중단하자'고 촉구했으며, 아들 Randy에게는 '특별한 아빠-아들 관계'를 위해서 Delanie를 '존중'해 주길 바란다는 그의 욕구를 표현했다. 그리고 Delanie에게는 2년 전 사랑하는 아버지가 돌아가신 이후 그녀가 느껴 왔던 감정과 여러 걱정에 대한 위로와 함께 그것들을 새로운 관점에서 바라볼 수 있게 해 주었다. 가장 주목할 만한 것은, 딸 Cassie에게 보낼 편지의 초안을 작성하였는데 거기에 그녀를 다시 방문하는 것에 대해 언급한 것이었다. 그리고 지난 회기 이후 시작했던 딸에게 전화를 거는 것을 지속하기로 약속하였으며, Cassie에게 앞으로는 자신과 Delanie가 함께 편지를 보낼 것이라고 알렸다. 중요한 것은 Bill이 이렇게 하는 것이 Delanie의 압력 때문이 아니라 그가 더 이상 가족들과 떨어져 지낼 수 없기 때문이라고 언급한 것이다. 이 같은 분명한 변화는 이전에는 무의식적인 수준에서 '금지'되었던 실제 행동에 관한 선택지들을 Bill이 선택할 수 있게 됨에 따라 금지된 행동들을 유지시키던 무의식적인 이유들이 의식 속에서 해체되기 시작했다는 것을 의미한다.

3개월 후 Bill의 전화를 받았을 때 그는 이전보다 성장해 있었으며, 더 놀랄 만한 발전을 이루었다는 증거들도 볼 수 있었다.

Bill은 업무 때문에 10년 만에 처음으로 비행기를 타야 했는데 그때 Cassie를 방문하기 위한 약속을 잡았다. 그는 왜 그런지 모르겠지만 더 이상 '갇혀 있다'는 공포감이 느껴지지 않는다고 말했다. 이처럼 Bill이 받았던 치료는 포스트모던 치료의 몇 가지 절차를 보여 주는데, 여기에는 내담자의 의미 체계를 시각화하기, 대인관계 패턴들을 명확히 하기, 더 깊은 성찰을 유도하고 선호하는 삶의 이야기에서 드러나는 윤곽들을 공고히 하기, 분명하면서도 구체적이지 않은 치료적 변화의 과정들을 보여 주기 등이 포함된다. 또한 포스트모던 절차는 내담자 못지않게 치료자가 개인으로서 그리고 전문가로서 성장하는 것을 중요시하며, 계속해서 발전하는 포스트모던 심리치료법들은 그런 성장을 지지하고 가능하게 한다.

결론

구성주의는 철학적인 면에서 정교하고, 실질적으로 유용하며, 임상 현장에서 경험주의적인 태도로 반응하기 때문에 앞으로도 수십 년 동안 발전할 것 같다. 그러나 포스트모던 치료의 외적 그리고 내적 요인들이 일부 영역에서는 이러한 관점들의 확장을 촉진하는 반면, 다른 영역에서는 억제하면서 포스트모던 치료의 성장 속도와 방향에 영향을 줄 것으로 예측된다.

구성주의, 사회구성주의 및 이야기치료 접근들에서 심층 수준으로 연결시켜 주는 촉진적 요인들은 개인에서 문화까지의 다양한 수준에서 사람들의 삶을 제약하는 것들을 개념화하는 데 있어 놀라울 만큼 잘 적용될 수 있다. 아울러 그런 촉진적 요인들은 내담자의 의미 체계를 평가하고 성장시킬 수 있는 광범위하고 확장된 창조적 기법들도 포함하고 있다. 이와 같은 요인들은 내담자의 고유성(uniqueness)을 소중히 여기는 인본주의 심리학자들, 그리고 개인과 집단을 구속하는 억압적인 문화적 담론의 역할을 해체하기 위해 애쓰는 급진적-비판적 치료자들(radical-critical therapists)에게 유용하다. 예를 들어, 환경적 요인의 다양성이 한층 확대되는 것, 즉 민족이나 문화 또는 국가들에서 생활 방식의 다양성이 증가하는 것 또한 '정상' 혹은 '이상' 행동을 구성하는 것이 무엇인지에 대한 규준을 정립하는 것보다 인간 경험의 다양성을 존중하는 여러 범위의 개념과 방법을 중시하는 관점을 발달시킨다. 나아가 더 간결한 치료에 대한 사람들의 요구는 개인, 가족 및 집단과 함께 작업하면서 인간 변화의 과정이 효과적인 경험적 절차들을 통해 가능하다고 생각하는 포스트모던 치료에 좋은 징조이다. 마지막으로, 포스트모던 접근법은 정신역동을 거쳐 인본주의 및 인지치료에 이르는 전통 속에서 그리고 개인 및 가족, 집단을 포함하는 맥락 속에서 심리치료의 현대적 발전에 영향을 미쳤다. 그렇기 때문에, 다양한 심리치료를 통합하고자 하는 현재의 흐름은 다측면적인 포스트모던 관점에 적합하다. 그러나 구성주의자와 사회구성주의자들은 그들의 강한 인식론적 성향으로 인해 치료의 원리와 절차들을 무분별하게 섞는 것을 경계하는 반면, 중요한 메타이론적 개념들을 공유하고 있는 관점을 선택적으로 통합하는 것은 지지한다(Messer, 1987; R. A. Neimeyer, 1993b).

한편, 초보 임상가들의 경우 정해진 규칙이 있어서 좀 더 따르기 쉽고 지시적인 접근을 할 수 있는 단순하고 명확한 방법을 선호하기 때문에 포스트모던 치료의 개념들을 수용하기 어려워하는 반면, 몇몇 학파의 숙련된 임상가들은 앞서 설명한 포스트모던 철학의 풍부함과 섬세함에 매력을 느낀다. 이와 비슷하게, 구성주의자 및 사회구성주의자들은 치료과정에서 내담자와 치료자 간의 섬세한 상호작용에 대한 몰입을 중요시한다. 그렇기 때문에 내담자 개개인을 고려하기보다는 범주화된 진단 기준

을 개발하여 표준화된 치료적 개입의 평균적인 치료 효과를 측
정하려는 심리치료 연구자들의 시도에 반대한다. 비록 치료 효
과가 검증된 구성주의적 접근들이 호의적으로 평가되어 왔지만
(Greenberg et al., 1994; Holland et al., 2007), 구성주의치료자들은
환자를 정신과적인 진단(예: 범불안장애)보다는 문제(예: 해결되지
않은 과업)를 이용해 분류하려는 경향이 있다. 그렇기 때문에 구
성주의치료에 대한 통제된 연구가 아무리 많이 수행된다 하더라
도 특정 장애에 대한 효과 검증으로 이루어진 '근거기반 치료' 목
록에는 포함되기 어렵다. 좀 더 심각하게는 억압적이고 병리적
이라고 생각하는 주류적 접근법에 대한 포스트모던 치료자들의
혁명적인 '저항' 정신은 임상심리학 분야가 가지고 있는 강력한
이점에 위협이 될 수 있다. 임상심리학에서는 다른 경쟁적인 전
문가들의 치료와는 달리 차별화되고 대규모로 보급 가능하며 반
복 가능한 장점이 있는 좀 더 보수적인 형태의 치료를 선호하는
경향이 있기 때문이다.

　다른 모든 심리치료 모델처럼 임상 현장에서 구성주의자들의
접근은 인간의 삶을 개선하려는 실제적인 목표를 향한 지적이
고 문화적인 발전 흐름의 본질과 특수성을 보여 준다. 내담자 개
인, 가족 및 공동체가 가지고 있는 삶에 대한 관점과 문제에 참
여하고자 지속적으로 노력하는 치료자들에게 이 책에서 설명한
개념, 절차, 사례 해설이 가치 있는 접근방법을 제공하리라 기대
한다.

참고문헌

Adams-Webber, J. R. (2001) "Prototypicality of self and evaluating others in terms of 'fuzzy' constructs", *Journal of Constructivist Psychology*, 14: 315-324.

Alexander, P. C., Neimeyer, R. A. and Follette, V. M. (1991) "Group therapy for women sexually abused as children: A controlled study and investigation of individual differences", *Journal of Interpersonal Violence*, 6: 219-231.

Alexander, P. C., Neimeyer, R. A., Follette, V. M., Moore, M. K. and Harter, S. L. (1989) "A comparison of group treatments of women sexually abused as children", *Journal of Consulting and Clinical Psychology*, 57: 479-483.

Allport, G. W. (1961) *Pattern and Growth in Personality*. New York: Holt.

Angus, L. E. (1992) "Metaphor and the communication interaction in psychotherapy", in S. G. Toukmanian and D. L. Rennie (eds), *Psychotherapy process Research*, pp. 187-210. Newbury Park, CA: Sage.

Appignanesi, R. and Garratt, C. (1995) *Postmodernism for Beginners*. Cambridge, UK: Icon/Penguin.

Arciero, G. and Guidano, V. (2000) "Experience, explanation, and the quest for coherence", in R. A. Neimeyer and J. D. Raskin (eds), *Constructions of Disorder*, pp. 91-117. Washington, DC: American Psychological Association.

Baker, K. D. and Neimeyer, R. A. (2003) "Therapist training and client characteristics as predictors of treatment response to group therapy for depression", *Psychotherapy Research*, 13: 135-151.

Bateson, G. (1972) *Steps to an Ecology of Mind*. New York: Dutton.

Beck, A. T. (1993) "Cognitive therapy: Past, present, and future", *Journal of Consulting and Clinical Psychology*, 61: 194-198.

Beutler, L. E. and Clarkin, J. F. (1990) *Systematic Treatment Selection*. New York: Brunner Mazel.

Bohart, A. C. and Tallman, K. (1999) *How Clients Make Therapy Work*. Washington, DC: American Psychological Association.

Bright, J. I., Baker, K. D. and Neimeyer, R. A. (1999) "Professional and paraprofessional group treatments for depression: A comparison of cognitive-behavioral and mutual support intervention", *Journal of Consulting and Clinical Psychology*, 67: 491-501.

Brown, L. S. (2000a) "Discomforts of the powerless", in R. A. Neimeyer and J. D. Raskin (eds), *Constructions of Disorder*, pp. 287-308. Washington, DC: American Psychological Association.

Brown, L. S. (2000b) "Feminist therapy", in C. R. Snyder and R. E. Ingram (eds), *Handbook of Psychology Change*, pp. 358-380. New York: Wiley.

Buber, M. (1970) *I and thou*. New York: Charles Scribner's Sons.

Dempsey, D. J. and Neimeyer, R. A. (1995) "Organization of personal knowledge: Convergent validity of implications grids and repertory grids as measures of system structure", *Journal of Constructivist Psychology*, 8: 251-261.

Derrida, J. (1978) *Writing and Difference*. Chicago: University of Chicago Press.

DiLollo, A., Neimeyer, R. A. and Manning, W. H. (2002) "A personal construct psychology view of relapse: Indications for a narrative therapy component to stuttering treatment", *Journal of Fluency Disorders*, 27: 19-42.

Ecker, B. and Hulley, L. (1996) *Depth-oriented Brief Therapy*. San Francisco: Jossey-bass.

Ecker, B. and Hulley, L. (2000) "The order in clinical 'disorder': Symptom coherence in depth-oriented brief therapy", in R. A. Neimeyer and J. D. Raskin (eds), *Constructions of Disorder*, pp. 63-90. Washington, DC: American Psychological Association.

Ecker, B. and Hulley, L. (2008) "Coherence therapy: Swift change at the roots of symptom production", in J. D. Raskin and S. K. Bridges (eds), *Studies in Meaning*, Vol. 3, pp. 57-84. New York: Pace University Press.

Ecker, B. and Toomey, B. (2008) "Depotentiation of symptom-producing implicit memory in coherence therapy", *Journal of Constructivist Psychology*, 21: 87-150.

Efran, J. S. and Cook, P. F. (2000) "Linguistic ambiguity as a diagnostic tool", in R. A. Neimeyer and J. D. Raskin (eds), *Constructions of Disorder*, pp. 121-143. Washington, DC: American Psychological Association.

Efran, J. S. and Fauber, R. L. (1995) "Radical constructivism: Questions and answers", in R. A. Neimeyer and M. J. Mahoney (eds), *Constructivism in Psychotherapy*, pp. 275-302. Washington, DC: American Psychological Association.

Efran, J. S., Lukens, M. D. and Lukens, R. J. (1990) *Language, Structure, and Change*. New York: Norton.

Epston, D. and White, M. (1995) "Termination as a rite of passage: Questioning strategies for a therapy of inclusion", in R. A. Neimeyer and M. J. Mahoney (eds), *Constructivism in Psychotherapy*, pp. 339-356. Washington, DC: American Psychological Association.

Eron, J. B. and Lund, T. W. (1996) *Narrative Solutions in Brief Therapy*. New York: Guliford Press.

Feixas, G. (1992) "Personal construct approaches to family therapy", in R. A. Neimeyer and G. J. Neimeyer (eds), *Advances in Personal Construct Psychology*, Vol. 2, pp. 217-255. Greenwich, CT: JAI Press.

Feixas, G. (1995) "Personal constructs in systemic practice", in R. A. Neimeyer and M. J. Mahoney (eds), *Constructivism in Psychotherapy*, pp. 305-337. Washington, DC: American

Psychological Association.

Feixas, G., Geldschlager, H. and Neimeyer, R. A. (2002) "Content analysis of personal constructs", *Journal of Personal Construct Psychology*, 15: 1–19.

Feixas, G., Moliner, J. L., Montes, J. N., Mari, M. T. and Neimeyer, R. A. (1992) "The stability of structural measures derived from repertory grids", *International Journal of Personal Construct Psychology*, 5(1), 25–40.

Fireman, G. D., McVay, T. E. and Flanagan, O. J. (eds) (2003) *Narrative and Consciousness*. New York: Oxford University Press.

Foucault, M. (1970) *The Order of Things*. New York: Pantheon.

Frankel, Z. F. and Levitt, H. M. (2006) "Postmodern strategies for working with resistance: Problem resolution or self-revolution?" *Journal of Constructivist Psychology*, 19: 219–250.

Frankel, Z. F., Levitt, H. M., Murray, D. M., Greenberg, L. S. and Angus, L. E. (2006) "Assessing psychotherapy silences: An empirically derived categorization system and sampling strategy", *Psychotherapy Research*, 16: 627–638.

Fransella, F. (1993) "The construct of resistance in psychotherapy", in L. Leitner and G. Dunnett (eds), *Critical Issues in Personal Construct Psychology*, pp. 117–134. Malabar, CA: Krieger.

Fransella, F. and Bannister, D. (1977) *A Manual for Repertory Grid Technique*. New York: Academic Press.

Fransella, F., Bell, R. and Bannister, D. (2004) *A Manual for Repertory Grid Technique*, 2nd edn. Chichester, UK: Wiley.

Freeman, J., Epston, D. and Lobovits, D. (1997) *Playful Approaches to Serious Problems*. New York: Norton.

Freud, S. (1964) "An outline of psycho-analysis", in *Standard Edition*, Vol. 23. London: Hogarth Press. (Originally published 1940)

Gendlin, E. T. (1996) *Focusing-oriented Psychotherapy*. New York: Guilford Press.

Gergen, K. J. (1991) *The Saturated Self*. New York: Basic Books.

Gergen, K. J. (1999) *An Invitation to Social Construction*. Cambridge, MA: Harvard University Press.

Goldfried, M. R. (1995) *From Cognitive-behavior Therapy to Psychotherapy Integration*. New York: Springer.

Gonçalves, M. M., Matos, M. and Santos, A. (in press) "Narrative therapy and the nature of 'innovative moments' in the construction of change", in J. D. Raskin, S. K. Bridges and R. A. Neimeyer (eds), *Studies in Meaning*, Vol. 4. New York: Pace University Press.

Greenberg, L., Elliott, R. and Lietaer, G. (1994) "Research on experiential therapies", in A. Bergin and S. Garfield (eds), *Handbook of Psychotherapy and behavior Change*, 4th edn, pp. 509-539. New York: Wiley.

Greenberg, L., Elliott, R. and Rice, L. (1993) *Facilitating Emotional Change*. New York: Guilford Press.

Greenberg, L. S., Watson, J. C. and Lietaer, G. (eds) (1998) *Handbook of Experiential Psychotherapy*. New York: Guilford Press.

Guidano, V. F. (1991) *The Self in Process*. New York: Guilford Press.

Guidano, V. F. (1995) "Constructivist psychotherapy: A theoretical framework", in R. A. Neimeyer and M. J. Mahoney (eds), *Constructivism in Psychotherapy*, pp. 93-108. Washington, DC: American Psychological Association.

Hardison, H. and Neimeyer, R. A. (2007) "Numbers and narratives: Quantitative and qualitative convergence in constructivist assessment", *Journal of Constructivist Psychology*, 20: 285-308.

Harré, R. and Gillett, R. (1994) *The Discursive Mind*. Thousand Oaks, CA: Sage.

Harter, S. L. (1995) "Construing on the edge", in R. A. Neimeyer and M. J. Mahoney (eds), *Constructivism in Psychotherapy*, pp. 371-383. Washington, DC: American Psychological Association.

Held, B. S. (1995) *Back to Reality*. New York: Norton.

Hermans, H. (1995) *Self-narratives: The Construction of Meaning in Psychotherapy*. New York: Guilford Press.

Hermans, H. (2002) "The person as a motivated storyteller", in R. A. Neimeyer and G. J. Neimeyer (eds) *Advance in Personal Construct Psychology*, Vol. 5, pp. 3–38. Westport, CT: Praeger.

Hermans, H. and Dimaggio, G. (eds) (2004) *The Dialogical Self in Psychotherapy*. New York: Routledge.

Hinkle, D. (1965) *The Change of Personal Constructs from the Viewpoint of a Theory of Implications*. Unpublished Dissertation, The Ohio State University, Columbus, OH.

Hoffman, L. (1992) "A reflexive stance for family therapy", in S. McNamee and K. J. Gergen (eds), *Therapy as Social Construction*, pp. 7–24. Newbury Park, CA: Sage.

Hollend, J. M. and Neimeyer, R. A. (in press) "The efficacy of personal construct therapy as a function of the type and severity of the presenting problem", *Journal of Constructivist Psychology*.

Hollend, J., Neimeyer, R. A., Currier, J. and Berman, J. S. (2007) "The efficacy of personal construct therapy: A comprehensive review", *Journal of Clinical Psychology*, 63: 93–107.

Holzman, L. and Morss, J. (eds) (2000) *Postmodern Psychologies, Societal Practice, and Political Life*. New York: Routledge.

Jankowicz, D. (2003) *The Easy Guide to Repertory Grids*. Chichester, UK: Wiley.

Jung, C. G. (1971) "The structure of the psyche", in *The Portable Jung*, pp. 23–46. New York: Viking.

Kazantzis, N. and L'Abate, L. (eds) (2006) *Handbook of Homework Assignments in Psychotherapy*. New York: Kluwer.

Kelly, G. A. (1969) "The language of hypothesis", in B. Mahrer (ed.), *Clinical Psychology and Personality*, pp. 147–162. New York: Wiley.

Kelly, G. A. (1977) "The psychology of unknown", in D. Bannister (ed.) *New Perspectives in Personal Constructs Theory*, pp. 1–19. San Diego, CA: Academic Press.

Kelly, G. A. (1991) *The Psychology of Personal Constructs*. New York:

Routledge. (Originally published 1955)

Kernberg, O. F. (1976) *Object Relations Theory and Psychoanalysis*. Northvale, NJ: Jason Aronson.

Kohut, H. (1971) *The Analysis of the Self*. New York: International Universities Press.

Lather, P. (1992) "Postmodernism and the human science", in S. Kvale (ed.), *Psychology and Postmodernism*, pp. 88–109. Newbury Park, CA: Sage.

Leitner, L. M. (1995) "Optimal therapeutic distance", in R. A. Neimeyer and M. J. Mahoney (eds), *Constructivism in Psychotherapy*, pp. 357–370. Washington, DC: American Psychological Association.

Leitner, L. M. and Faidley, A. J. (1995) "The awful, awful nature of ROLE relationships", in R. A. Neimeyer and G. J. Neimeyer (eds), *Advances in Personal Construct Psychology*, Vol. 3, pp. 291–314. Greenwich, CT: JAI Press.

Leitner, L. M. and Faidley, A. J. (2002) "Disorder, diagnosis, and the struggles of humanness", in J. D. Raskin and S. K. Bridges (eds), *Studies in Meaning*, pp. 99–121. New York: Pace University Press.

Leitner, L. M., Faidley, A. and Celantana, M. (2000) "Diagnosing human meaning making", in R. A. Neimeyer and J. D. Raskin (eds), *Constructions of Disorder*, pp. 175–203. Washington, DC: American Psychological Association.

Levitt, H. and Angus, L. (1999) "Psychotherapy process measure research and the evaluation of psychotherapy orientation", *Journal of Psychotherapy Integration*, 9: 279–300.

Levitt, H. M., Neimeyer, R. A. and Williams, D. C. (2005) "Rules versus principles in psychotherapy: Implications of the quest for universal guidelines in the movement for empirically supported treatments", *Journal of Contemporary Psychotherapy*, 35: 117–129.

Luborsky, L., Rosenthal, R., Diguer, L., Andrusyna, T. P., Berman, J. S., Levitt, J. T., et al. (2002) "The Dodo bird verdict is alive and well–Mostly", *Clinical Psychoiogy: Science and Practice*, 9: 2–12.

Madigan, S. P. and Goldman, E. M. (1998) "A narrative approach to anorexia", in M. F. Hoyt (ed.), *Handbook of Constructive Therapies*, pp. 380–700. San Francisco: Jossey–Bass.

Mahoney, M. J. (1988) "Constructive metatheory I: Basic features and historical foundations", *International Journal of Personal Construct Psychology*, 1: 299–315.

Mahoney, M. J. (1991) *Human Change Process*. New York: Basic Books.

Mahoney, M. J. (1993) "Theoretical developments in the cognitive psychotherapies", *Journal of Consulting and Clinical Psychology*, 61: 187–193.

Martin, J. (1994) *The Construction and Understanding of Psychotherapeutic Change*. New York: Teachers College Press.

Mascolo, M. F., Craig–Bray, L. and Neimeyer, R. A. (1997) "The construction of meaning and action in development and psychotherapy: An epigenetic systems approach", in G. J. Neimeyer and R. A. Neimeyer (eds), *Advance in Personal Construct Psychology*, Vol. 4, pp. 3–38. Greenwich, CT: JAI Press.

Messer, S. B. (1987) "Can the Tower of Babel be completed? A critique of the common language proposal", *Journal of Integrative and Eclectic Psychotherapy*, 6: 195–199.

Messer, S. B. and Wampold, B. E. (2002) "Let's face facts: Common factors are more important than specific therapy ingredients", *Clinical Psychology: Science and Practice*, 9: 21–25.

Monk, G., Winslade, J., Crocket, K. and Epston, D. (1996) *Narrative Therapy in Practice*. San Francisco: Jossey–Bass.

Neimeyer, G. J. (1992) "Personal constructs and vocational structure: A critique of poor reason", in R. A. Neimeyer and G. J. Neimeyer (eds), *Advances in Personal Construct Psychology*, Vol. 2, pp. 91–120. Greenwich, CT: JAI.

Neimeyer, G. J. (1993) *Constructivist Assessment: A Casebook*. Newbury Park, CA: Sage.

Neimeyer, G. J. and Fukuyama, M. (1984) "Exploring the content and structure of cross-cultural attitudes", *Counselor Education and Supervision*, 23: 214-224.

Neimeyer, G. J., Lee, J., Aksoy-Toska, G. and Phillip, D. (2008) "Epistemological commitments among seasoned therapists: Some practical implications of being constructivist", in J. D. Raskin and S. K. Bridges (eds) *Studies in Meaning*, Vol. 3, pp. 31-54. New York: Pace University Press.

Neimeyer, R. A. (1988) "Clinical guidelines for conducting interpersonal transaction groups", *International Journal of Personal Construct Psychology*, 1: 181-190.

Neimeyer, R. A. (1993a) "Constructivism and the cognitive therapies: Some conceptual and strategic contrasts", *Journal of Cognitive Psychotherapy*, 7: 159-171.

Neimeyer, R. A. (1993b) "Constructivism and the problem of psychotherapy integration", *Journal of Psychotherapy Integration*, 3: 133-157.

Neimeyer, R. A. (1993c) "Constructivist approaches to the measurement of meaning", in G. J. Neimeyer (ed.) *Constructivist Assessment: A Casebook*, pp. 58-103. Newbury Park: CA: Sage.

Neimeyer, R. A. (1995a) "An invitation to constructivist psychotherapies", in R. A. Neimeyer and M. J. Mahoney (eds), *Constructivism in Psychotherapy*, pp. 1-8. Washington, DC: American Psychological Association.

Neimeyer, R. A. (1995b) "Constructivist psychotherapies: Features, foundations, and future directions", in R. A. Neimeyer and M. J. Mahoney (eds), *Constructivism in Psychotherapy*, pp. 11-38. Washington, DC: American Psychological Association.

Neimeyer, R. A. (1998) "Social constructionism in the counselling context", *Counselling Psychology Quartely*, 11: 135-149.

Neimeyer, R. A. (1999) "George Kelly", in *Encyclopedia of Psychology*. Washington, DC: American Psychological Association.

Neimeyer, R. A. (2000) "Research and practice as essential tensions: A constructivist confession", in L. M. Vailant and S. Soldz (eds),

Empirical Knowledge and Clinical Experience, pp. 123–150. Washington, DC: American Psychological Association.

Neimeyer, R. A. (2002) "The relational co-construction of selves: A postmodern perspective", *Journal of Contemporary Psychotherapy*, 32: 51–59.

Neimeyer, R. A. (2004) *Constructivist Psychotherapy* [video]. Washington, DC: American Psychological Association.

Neimeyer, R. A. (2006a) "Narrating the dialogical self: Toward an expanded toolbox for the counselling psychologist", *Counselling Psychology Quarterly*, 19: 105–120.

Neimeyer, R. A. (2006b) *Rainbow in the Stone*. Memphis, TN: Mercury.

Neimeyer, R. A., Anderson, A. and Stockton, L. (2001) "Snakes versus ladders: A validation of laddering technique as a measure of hierarchical structure", *Journal of Constructivist Psychology*, 14: 85–105.

Neimeyer, R. A. and Bridges, S. K. (2003) "Postmodern approaches to psychotherapy", in A. Gurman and S. Messer (eds), *Essential Psychotherapies*, 2nd edn, pp. 272–316. New York: Guilford Press.

Neimeyer, R. A. and Feixas, G. (1990) "Constructivist contributions to psychotherapy integration", *Journal of Integrative and Eclectic Psychotherapy*, 9: 4–20.

Neimeyer, R. A., Harter, S. and Alexander, P. C. (1991) "Group perceptions as predictors of outcome in the treatment of incest survivors", *Psychotherapy Research*, 1: 149–158.

Neimeyer, R. A., Klein, M. H., Gurman, A. S. and Greist, J. H. (1983) "Cognitive structure and depressive symptomatology", *British Journal of Cognitive Psychotherapy*, 1: 65–73.

Neimeyer, R. A. and Mahoney, M. J. (eds) (1995) *Constructivism in Psychotherapy*. Washington, DC: American Psychological Association.

Neimeyer, R. A. and Winter, D. A. (2006) "Personal construct therapy", in N. Kazantzis and L. L'Abate (eds), *Handbook of Homework Assignments in Psychotherapy*. New York: Kluwer.

Neisser, U. and Fivush, R. (eds) (1994) *The Remembering Self*. Cambridge, UK: Cambridge University Press.

Norcross, J. C. (1986) "Eclectic psychotherapy: An introduction and overview", in J. C. Norcross (ed.), *Handbook of Eclectic Psychotherapy*, pp. 3-24. New York: Brunner Mazel.

Palmer, P. J. (2000) *Let Your Life Speak: Listening to the Voice of Vocation*. San Francisco: Jossey-bass.

Parker, I. (2000) "Four story-theories about and against postmodernism in psychology", in L. Holzman and J. Morss (eds), *Postmodern Psychologies*, pp. 29-47. New York: Routledge.

Polanyi, M. (1958) *Personal Knowledge*. New York: Harper.

Procter, H. G. (1987) "Change in the family construct system", in R. A. Neimeyer and G. J. Neimeyer (eds), *Personal Construct Therapy Casebook*, pp. 153-171. New York: Springer.

Raskin. J. D. and Lewandowski, A. M. (2000) "The construction of disorder as human enterprise", in R. A. Neimeyer and J. D. Raskin (eds), *Constructions of Disorder*, pp. 15-39. Washington, DC: American Psychological Association.

Rennie, D. L. (1992) "Qualitative analysis of the client's experience of psychotherapy", in S. G. Toukmanian and D. L. Rennie (eds), *Psychotherapy Process Research*, pp. 211-233. Newbury Park, CA: Sage.

Robinson, L. A., Berman, J. S. and Neimeyer, R. A. (1990) "Psychotherapy for the treatment of depression: A comprehensive review of controlled outcome research", *Psychological Bulletin*, 108: 30-49.

Rogers, C. R. (1951) *Client-centered Therapy*. Boston: Houghton Mifflin.

Rogers, C. R. (1961) *On Becoming a Person*. Boston: Houghton Mifflin.

Sacks, O. (1998) *The Man Who Mistook His Wife for a Hat*. New York: Touchstone.

Saleebey, D. (1998) "Constructing the community: Emergent uses of social constructionism in economically distressed communities", in C. Franklin and P. S. Nurius (eds), *Constructivism in Practice*, pp. 291–310. Milwaukee, WI: Families International.

Seikkula, J., Alakare, B. and Aaltonen, J. (2001a) "Open dialogue in psychosis I: An introduction and case illustration", *Journal of Constructivist Psychology*, 14: 247–266.

Seikkula, J., Alakare, B. and Aaltonen, J. (2001b) "Open dialogue in psychosis II: A comparison of good and poor outcome cases", *Journal of Constructivist Psychology*, 14: 267–283.

Sewell, K. W., Baldwin, C. L. and Moes, A. J. (1998) "The multiple self awareness group", *Journal of Constructivist Psychology*, 11: 59–78.

Spense, D. (1982) *Narrative and Historical Truth*. New York: Norton.

Vaihinger, H. (1924) *The Philosophy of "As If"*. Berlin, Germany: Reuther & Reichard.

Vasco, A. B. (1994) "Correlates of constructivism among Portuguese therapists", *Journal of Constructivist Psychology*, 7: 1–16.

Vincent, N. and Lebow, M. (1995) "Treatment preference and acceptability: Epistemology and locus of control", *Journal of Constructivist Psychotherapy*, 8: 81–96.

Viney, L. L. (1988) "Which data-collection methods are appropriate for a constructivist psychology?" *International Journal of Personal Construct Psychology*, 1: 191–203.

Viney, L. L., Metcalfe, C. and Winter, D. A. (2005) "The effectiveness of personal construct psychotherapy: A meta-analysis", in D. Winter and L. Viney (eds), *Personal Construct Psychotherapy: Advances in Theory, Practice, and Research*, pp. 347–364. London: Whurr.

Wachtel, P. (1991) "From eclecticism to synthesis: Toward a more seamless psychotherapy integration", *Journal of Psychotherapy Integration*, 1: 43–54.

Weber, C., Bronner, E., Their, P., Kingreen, D. and Klapp, B. (2000) "Body construct systems of patients with hematological malignancies", in J. W. Scheer (ed.), *The person in Society:*

Challenges to a Constructivist Theory, pp. 328–339. Giessen, Germany: Psychosozial Verlag.

Whitaker, C. A. and Keith, D. V. (1981) "Symbolic–experiential family therapy", in A. S. Gurman and D. P. Kniskern (eds), *Handbook of Family Therapy*, pp. 187–225. New York: Brunner Mazel.

White, M. and Epston, D. (1990) *Narrative Means to Therapeutic Ends*. New York: Norton.

Williams, A. M., Diehl, N. S. and Mahoney, M. J. (2002) "Mirrortime: Empirical findings and implications for a constructivist psychotherapeutic technique", *Journal of Constructivist Psychology*, 15: 21–40.

Winslade, J. and Monk, G. (2001) *Narrative Mediation*. San Francisco: Jossey–Bass.

Winter, D. A. (1990) "Therapeutic alternatives for psychological disorder", in G. J. Neimeyer and R. A. Neimeyer (eds), *Advances in Personal Construct Psychology*, Vol. 1, pp. 89–116. Greenwich, CT: JAI.

Winter, D. A. (1992) *Personal Construct Psychology in Clinical Practice*. London: Routledge.

Winter, D. A. and Watson, S. (1999) "Personal construct theory and the cognitive therapies: Different in theory but can they be differentiated in practice?" *Journal of Constructivist Psychology*, 12: 1–22.

찾아보기

┃내용┃

저자 소개

로버트 A. 네이마이어(Robert A. Neimeyer)
멤피스 대학교 심리학과 교수이자 『Journal of Constructivist Psychology』의 편집장이다. 또한 테네시주 멤피스에서 활발하게 개인 심리치료를 하고 있다.

역자 소개

김진숙(Kim, Jin-sook)
서울대학교 심리학과 석사 및 박사(임상 및 임상 · 상담심리학 전공)
계요병원 임상심리레지던트 과정 수료
현 서울디지털대학교 상담심리학과 교수
　　서울디지털대학교 심리상담센터장
　　임상심리전문가(한국심리학회)
　　정신보건임상심리사 1급(보건복지부)
　　상담심리전문가(한국심리학회)

권혁진(Kwon, Hyuk-jin)
서울대학교 심리학과 석사(임상 · 상담심리학 전공)
분당서울대학교병원 정신건강의학과 임상심리레지던트 과정 수료
현 에스원 '마음나눔터' 전문상담사
　　임상심리전문가(한국심리학회)
　　정신보건임상심리사 1급(보건복지부)

11 인지행동치료
스펙트럼 시리즈　COGNITIVE
BEHAVIOR
THERAPIES

구성주의 심리치료
Constructivist Psychotherapy

2020년 7월 25일 1판 1쇄 인쇄
2020년 7월 30일 1판 1쇄 발행

지은이 • Robert A. Neimeyer
옮긴이 • 김진숙 · 권혁진
펴낸이 • 김진환
펴낸곳 • (주) **학지사**

　　　　　04031 서울특별시 마포구 양화로 15길 20 마인드월드빌딩
대표전화 • 02)330-5114　　　팩스 • 02)324-2345
등록번호 • 제313-2006-000265호

홈페이지 • http://www.hakjisa.co.kr
페이스북 • https://www.facebook.com/hakjisabook

ISBN 978-89-997-2133-5 93180

정가 13,000원

이 도서의 국립중앙도서관 출판시도서목록(CIP)은 서지정보유통지
원시스템 홈페이지(http://seoji.nl.go.kr)와 국가자료공동목록시스템
(http://www.nl.go.kr/kolisnet)에서 이용하실 수 있습니다.
(CIP 제어번호: CIP2020028079)

출판 · 교육 · 미디어기업 **학지사**

간호보건의학출판 **학지사메디컬** www.hakjisamd.co.kr
심리검사연구소 **인싸이트** www.inpsyt.co.kr
학술논문서비스 **뉴논문** www.newnonmun.com
원격교육연수원 **카운피아** www.counpia.com